# DER KOMPLETTE

## *Leitfaden für*

# Moderne Kalligrafie

# HAND

# &

# Lettering

## FÜR ANFÄNGER

**EIN SCHRITT FÜR SCHRITT LEITFADEN UND ÜBUNGSBUCH MIT THEORIE, TECHNIKEN, ÜBUNGSSEITEN UND PROJEKTEN, UM LETTERING ZU LERNEN**

Sie haben Fragen oder Anregungen?
Schreiben Sie uns. www.specialartbooks.com | support@specialartbooks.com

# Bekomme deine geschenke

Der Kreativität sind keine Grenzen gesetzt. Abonnieren Sie unseren
Newsletter und Sie erhalten dieses Material kostenlos.

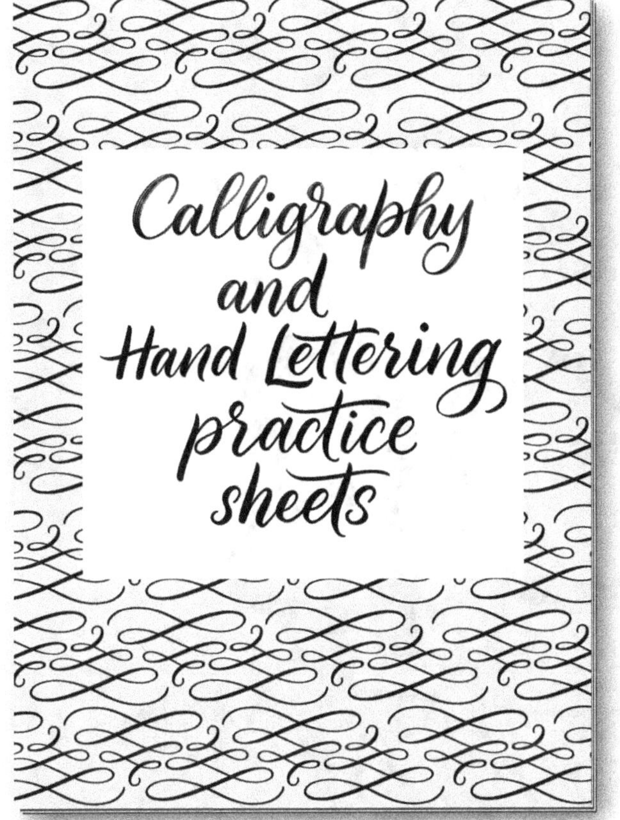


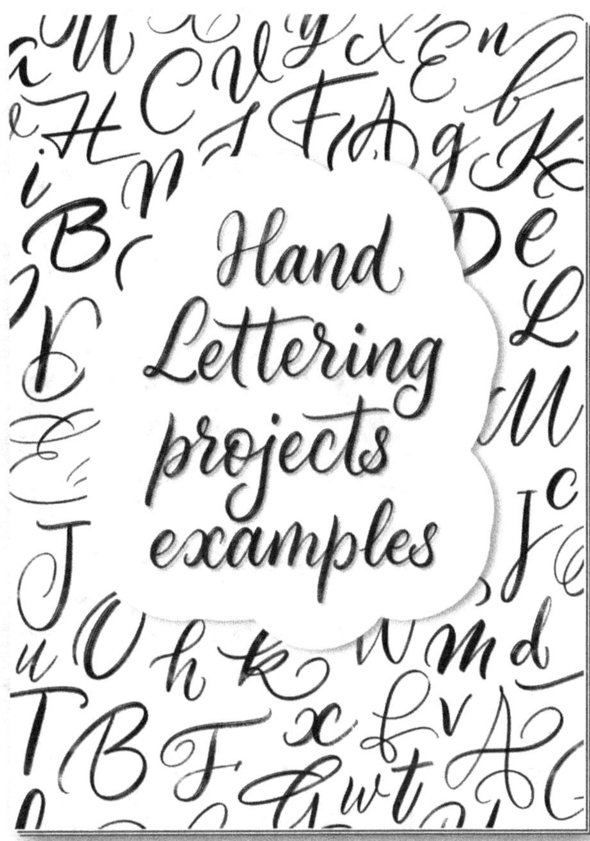


# Jetzt kostenlos herunterladen

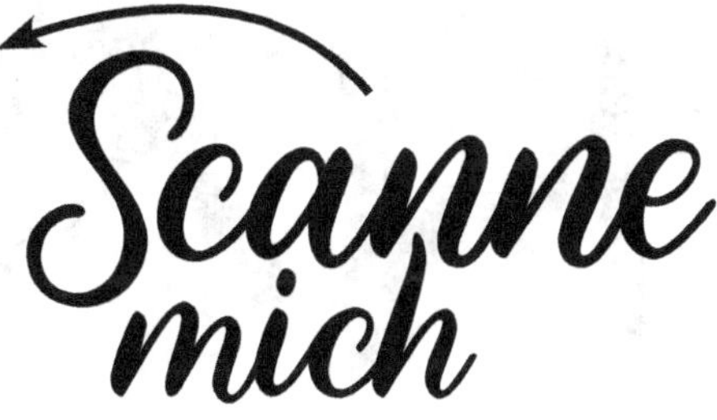


**www.specialartbooks.com/free-materials/**

## UND TEILE DEINE KREATIONEN

Instagram: @specialart_coloring

Facebook Gruppe: Special Art - Artwork

Website : www.specialartbooks.com

Folge uns

Träume
GROSS
arbeite
HART

# Inhaltsverzeichnis

# *Werfen wir einen Blick*
## AUF DIE GESCHICHTE

*Was ist der eigentliche Grund für das Schreiben?*

Menschen schreiben, weil sie Informationen kommunizieren müssen und wollen. Im Laufe der Geschichte suchten die Menschen nach dem bequemsten Weg, ihr Wissen weiterzugeben – sie erfanden Papier, Schreibwerkzeuge, verschiedene Drucktechniken, Gravuren, Stempel und Aufdrucke, Drucker und sogar das Internet. Die Fähigkeit zu schreiben und somit auch zu lesen, war lange das Privileg einer kleinen Schicht der Gesellschaft.

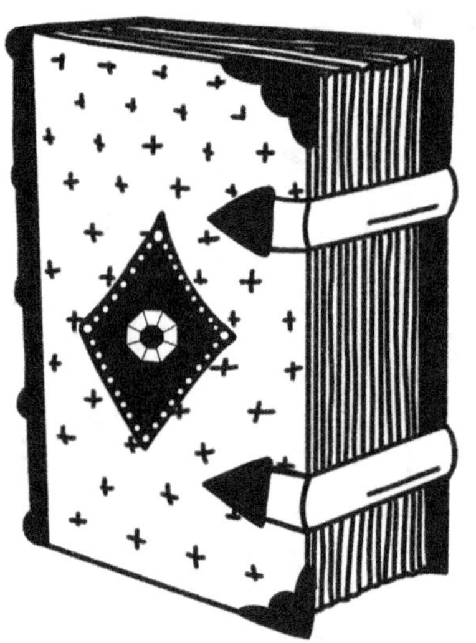

Bücher waren von hohem Wert und eine Seltenheit. Der Übergang von der Handschrift zum Buchdruck war also ein großer Schritt für die gesamte Menschheit.
 Die Druckerpresse war eine mechanische Presse, mit der eine große Anzahl von Druckerzeugnissen hergestellt wurde. Der Text wurde aus einzelnen Buchstaben zusammengesetzt. Jeder Buchstabe und jedes Zeichen, sogar der Raum zwischen den Buchstaben, war ein eigenes Metallobjekt. Die Zusammensetzung der Seite in einem solchen Buch war sorgfältig durchdacht und es gab keinen Platz für Zufälligkeiten. Besonderes Augenmerk wurde auf die Form des Buchstabens selbst gelegt. Es war wichtig, dass der Buchstabe so viel Druck wie möglich aushielt und zwischen den Elementen des Buchstabens keine Farbe verlaufen konnte.

Der Buchstabe sollte sowohl in großen als auch in kleinen Größen lesbar sein. Daneben gab es viele weitere Feinheiten, die das Aussehen des gedruckten Resultats beeinflussten. Die ersten Schriften basierten natürlich auf handgeschriebenen Alphabeten und strebten sogar danach, diese zu imitieren.

Aber die Form der Buchstaben in der Kalligrafie basiert auf der Bewegung
der Hand und des Schreibwerkzeugs in der Hand des Kalligrafen.
Gedruckte Buchstaben sind statisch und folgen anderen Regeln.
Wir werden uns diese Regeln später ansehen, aber kehren wir erst einmal zur
Kunst der Kalligrafie zurück.

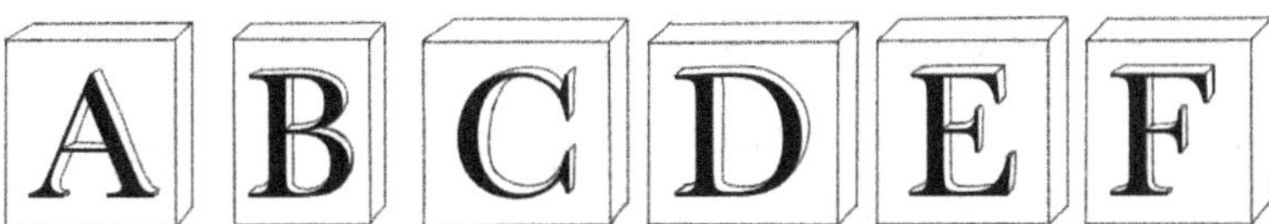

Die Meister der Kalligrafie haben einen sehr guten inneren Sinn für Raum,
einschließlich des Raums innerhalb eines Buchstabens, zwischen Buchstaben,
zwischen Wörtern und zwischen Zeilen. Unsere Buchstaben haben unterschiedliche
Formen, doch die Kalligraphie-Texte sehen sehr gleichmäßig aus, wie Ornamente.

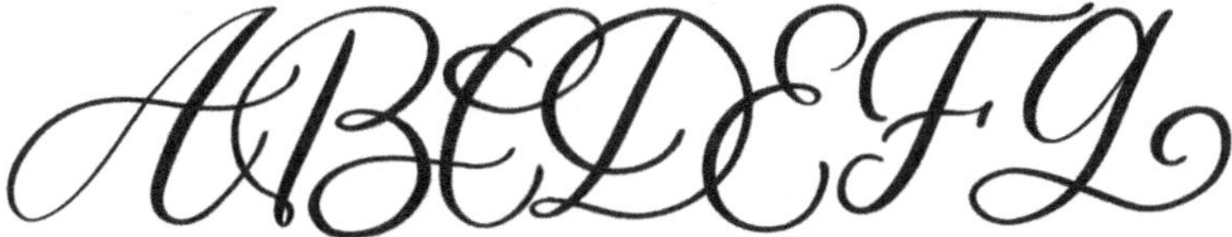

Kalligrafie ist dynamisch. Das bedeutet, dass derselbe Buchstabe auf verschiedene
Arten geschrieben werden kann, und es gibt viele Ligaturen, die aus zwei oder
mehreren Buchstaben bestehen.
Die Gestaltung der Schrift musste unweigerlich vereinfacht werden.
Um die Buchstaben mehrfach für verschiedene Wörter verwenden und dabei
auf unterschiedliche Weise kombinieren zu können, mussten die Buchstaben ein
einheitlicheres Aussehen haben.

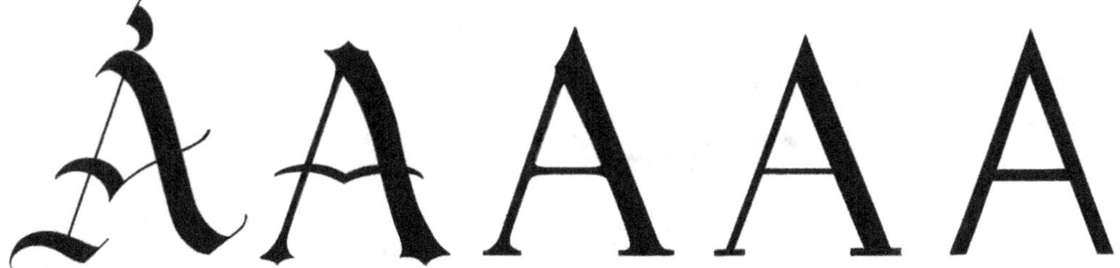

Die Buchstaben mussten so gestaltet werden, dass sie in beliebiger Kombination
auftreten konnten, wie bei einem Baukasten für Kinder.

Heutzutage, in der digitalen Welt, haben die Buchstaben ihre Fähigkeit
wiedererlangt, formbar zu sein und sich je nach ihrem Platz im Wort zu verändern.
Das ist der Grund, warum sich derzeit so viele Menschen für Kalligrafie interessieren.
Begeben wir uns also auf diese spannende Reise.

# Werkzeuge

*Also, was braucht man, um diese Reise anzutreten?*
*Wenn du anfängst, deine Werkzeuge zusammenzustellen, sei auf die überraschendsten Dinge vorbereitet. Denke einfach daran, dass dir alles helfen kann, was du zum Schreiben brauchen kannst.*
*Es kann eine Zahnbürste, ein Stock oder sogar eine Gurke sein, solange es dich inspiriert! Der Kreativität sind keine Grenzen gesetzt.*

*Werfen wir also einen Blick auf eine grundlegende Liste von Werkzeugen.*

*Das Wesentliche zuerst – ein mittelharter Bleistift.*

*Was Stifte angeht, würde ich dir empfehlen, einen zu wählen, der eine Linie mit konstanter Dicke ergibt.*

*Marker. Hier möchte ich deine Aufmerksamkeit auf Marker mit einer kegelförmigen Spitze lenken. Diese unterscheiden sich in der Linienstärke, was für uns wichtig ist.*

*Ein Pinselstift ist ein Marker mit einer Spitze in Form eines Pinsels.*

Einen Füller

# Kalligraphie

Kalligrafie ist die Kunst des schönen Schreibens.

Historisch gesehen beruhte jeder Schriftstil darauf, welches Werkzeug der Schreiber verwendete.
Um eine schöne Handschrift zu gestalten, musst du lernen, bestimmte Regeln zu befolgen, die festlegen, welche Werkzeuge und Materialien zu verwenden sind.

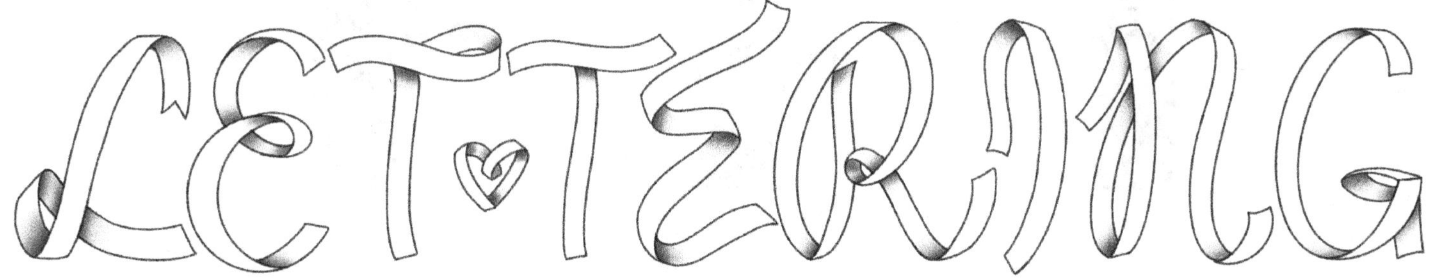


Lettering ist das Zeichnen von Buchstaben.

Diese Definition bedeutet, dass die Dicke der Linie und die Form der Buchstaben von der Kreativität des Zeichners abhängen und nicht von dem verwendeten Schreibwerkzeug.

Lettering kann auf Kalligrafie oder verschiedenen Typen von Schriftarten basieren.

# *Werfen wir* EINEN BLICK AUF DIE WICHTIGSTEN SCHRIFTARTENGRUPPEN

# SERIF

Serifen sind kurze Linien, die die Grundstriche von Zeichen einrahmen.
Klassische Serifen werden für einfache Texte verwendet, da eine gut gestaltete
Serifenschrift einen großen Unterschied in Bezug auf Lesbarkeit und
Platzersparnis machen kann.
Serifen bieten Lettering-Künstlern eine fantastische Möglichkeit, ihren Werken
Charakter zu verleihen.

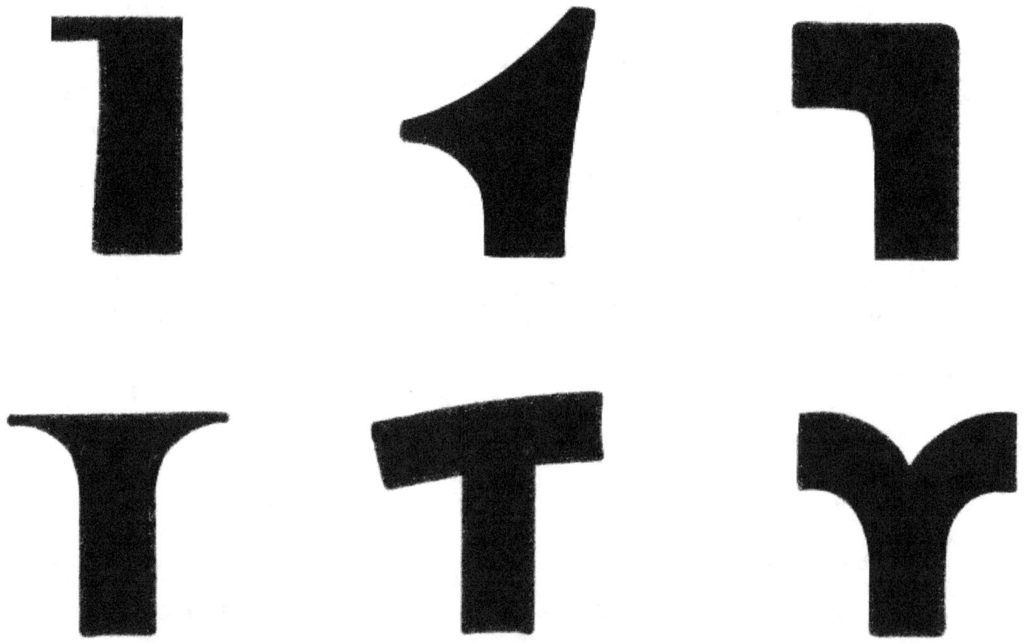

Serifen können einseitig oder doppelseitig sein. Ihre Form kann vielfältig sein:
dreieckig, rechteckig, abgerundet, dekorativ oder sogar eine dünne horizontale
Linie, um nur einige zu nennen.

# SANS

Serifenlos
Die Schriftarten ohne Serifen
Sie sind viel jünger als die Serifen, da sie zum ersten Mal Ende des 18. Jahrhunderts auftauchten. Zu Beginn wurden sie ausschließlich als Akzentschrift verwendet. Erst im zwanzigsten Jahrhundert begann man, sie im Schriftsatz zu verwenden. Durch das Fehlen von umständlichen Serifen funktionieren sie besser auf Bildschirmen und eignen sich daher hervorragend für Websites und Apps.

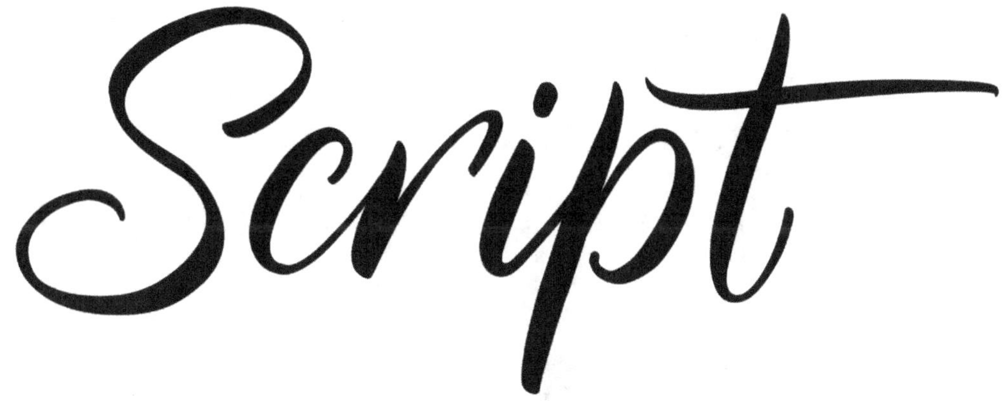


Script-Schriftart
Imitierte Handschrift oder Kalligraphie

# DISPLAY

Display
Zufällige Schriftarten. Nicht für den Schriftsatz konzipiert, sondern für Beschilderungen, Überschriften oder Anzeigen verwendet. Sehr markante, ungewöhnliche Schriftarten.

# Praxis

Die Strukturelemente der Kalligrafie sind dicke nach unten und dünne nach oben verlaufende Striche.

Die Schönheit der Handschrift liegt in der kunstvollen Verteilung von Kontrasten und der gleichmäßigen Anordnung von dünnen und dicken Linien.

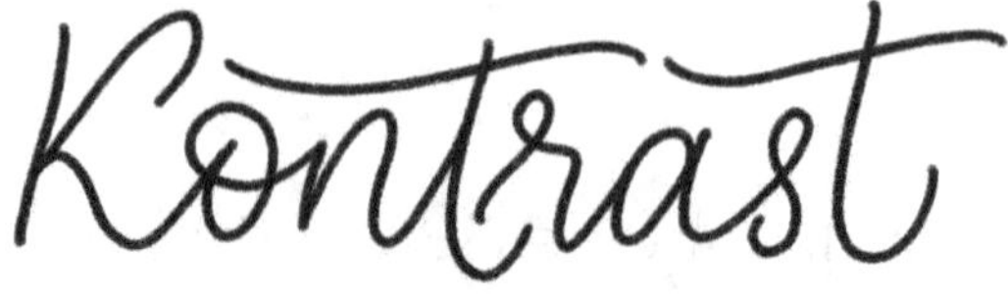

Niedriger Kontrast

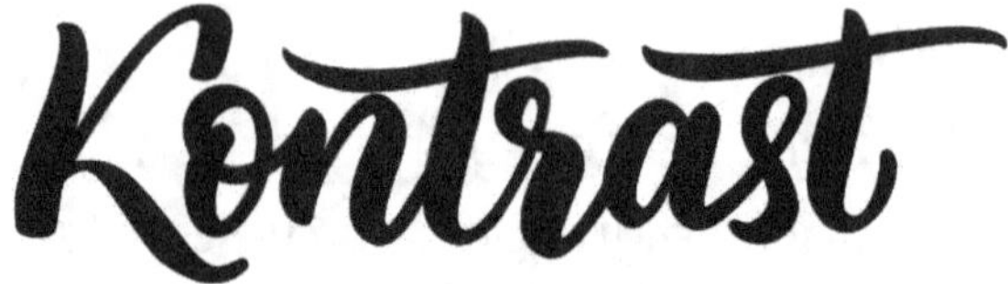

Hoher Kontrast

Ein spitzer

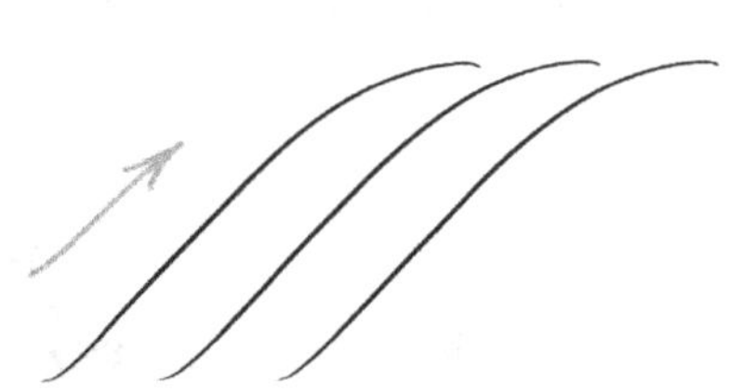

eine Linie ohne Druck

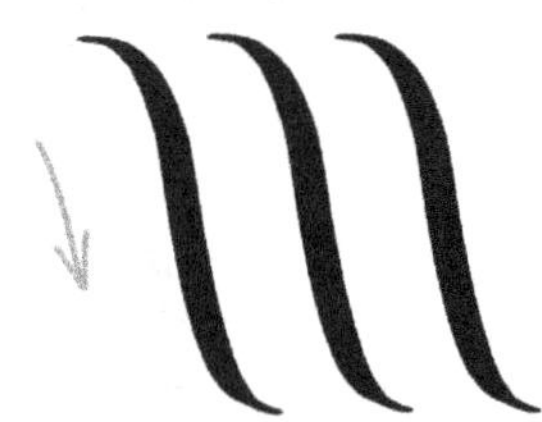

eine Linie mit Druck

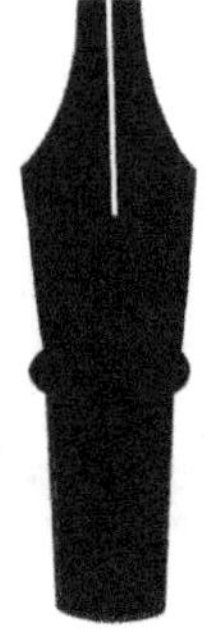

Breitfeder

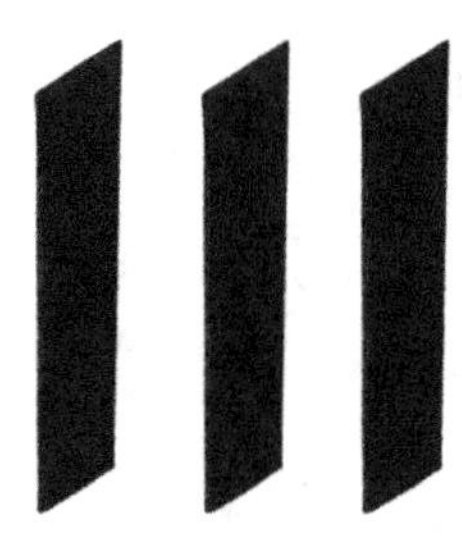

strich nach unten

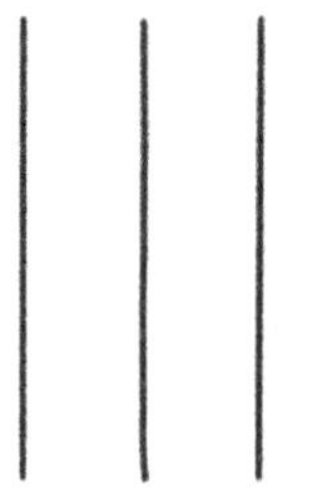

dünne Linie

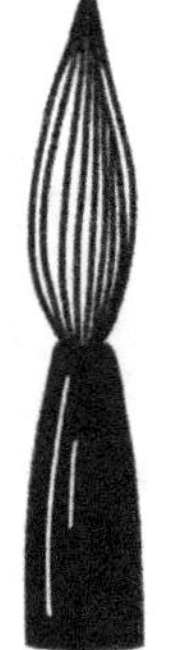

Pinsel

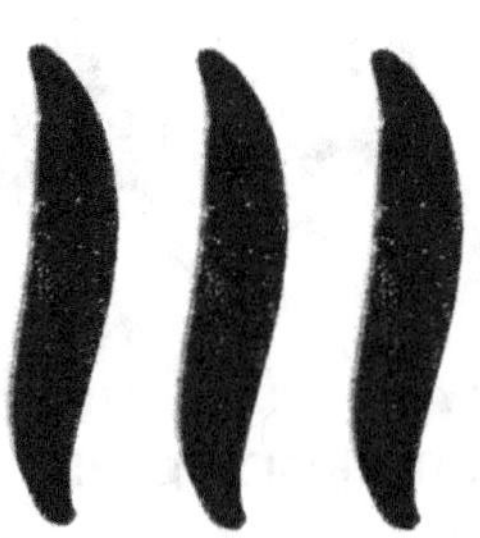

Strich mit Druck

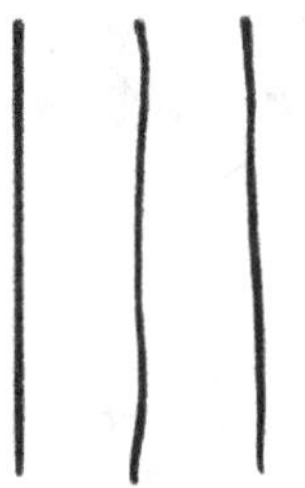

Schreiben mit der Spitze des Pinsels

# Anatomie eines BUCHSTABENS

*Schauen wir uns die Grundelemente an.*

Ober- und Unterlängen sind die am besten sichtbaren Elemente.

Oberlängen sind die Teile der Schrift, die oberhalb der Linie des Kleinbuchstabens (x-Höhe) liegen, während die Unterlängen unterhalb der x-Höhe liegen.

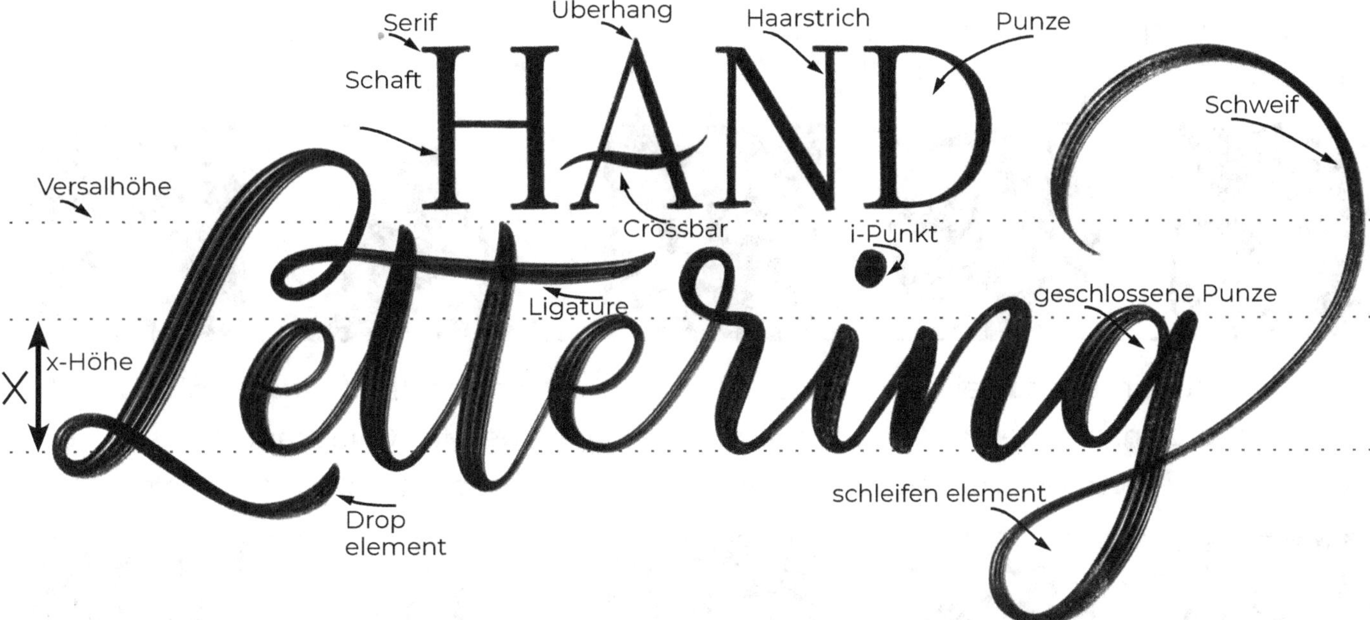


Versalhöhe ist der oberste Teil der Versalien. Beachte, dass der obere Rand des Großbuchstabenelements (Der Buchstabe «L» in dem wort lettering) über dieser Linie liegt.



Dies ist auch in der Grundschrift «Hallo, mein Freund» zu sehen. Schauen Sie sich die Buchstaben «e» und «o» an, sie ragen leicht aus der Mittellinie heraus. Der Grund dafür ist, dass das visuelle Gewicht eines Buchstabens wichtiger ist als sein geometrisches Gewicht.

Daher verwenden Schriftdesigner optische Täuschungen, um diese Buchstaben durch größere, weniger abgerundete Buchstaben optisch auszugleichen.

Wir werden dieses Thema im nächsten Kapitel ausführlicher behandeln.

# Optische Täuschungen IN DEN BUCHSTABEN

Optische Täuschungen sind Irrtümer der visuellen Wahrnehmung, die durch Ungenauigkeiten oder fehlerhafte Prozesse bei der unbewussten Korrektur von visuellen Bildern entstehen. Unser Gehirn täuscht uns, indem es die Daten falsch auswertet. Das liegt daran, dass unsere visuelle Wahrnehmung der Größe und Form eines Objekts von dem Kontext abhängt, in dem es betrachtet wird.Schriftdesigner sind am häufigsten mit der optischen Täuschung der Größenwahrnehmung konfrontiert.

Wenn ein Quadrat, ein Kreis und ein Dreieck zwischen denselben Grundlinien platziert werden, erscheinen die Formen ungleich, wobei das Quadrat als die größte Form erscheint, gefolgt vom Dreieck und schließlich dem Kreis, der als die

kleinste erscheint. Um die Formen optisch gleich aussehen zu lassen, müssen wir die optische Täuschung durch Vergrößerung ausgleichen, sodass sie uns als gleich große Formen erscheinen.

Das Gleiche geschieht mit Buchstaben. Buchstaben, die abgerundete oder scharfe Winkel haben, erscheinen kleiner als andere Buchstaben, wenn sie auf der gleichen Grundlinie liegen. Folglich müssen wir diese Täuschung kompensieren, indem wir diese Buchstaben nicht auf der Grundlinie platzieren.

Wenn wir die Buchstaben H und N mit der gleichen Breite zeichnen, erscheint der Buchstabe N etwas schmaler als der Buchstabe H. Dies geschieht, weil das diagonale Element in N mehr Platz innerhalb des Buchstabens einnimmt als der horizontale Strich in H. Um diese optische Täuschung auszugleichen, sollte der Buchstabe N etwas breiter sein als der Buchstabe H.

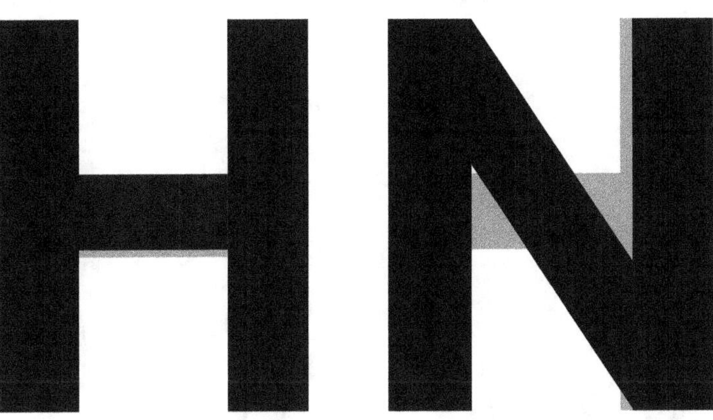

Horizontale Striche erscheinen dicker als vertikale, daher muss man bei Buchstaben mit konstanter Strichstärke die horizontalen Striche etwas dünner machen als die vertikalen.

Ein vollkommen runder Kreis erscheint gequetscht, während ein vertikal gestreckter Kreis gerade erscheint. Wenn du also einen optisch runden Buchstaben «O» zeichnest, musst du die optische Verzerrung ausgleichen.

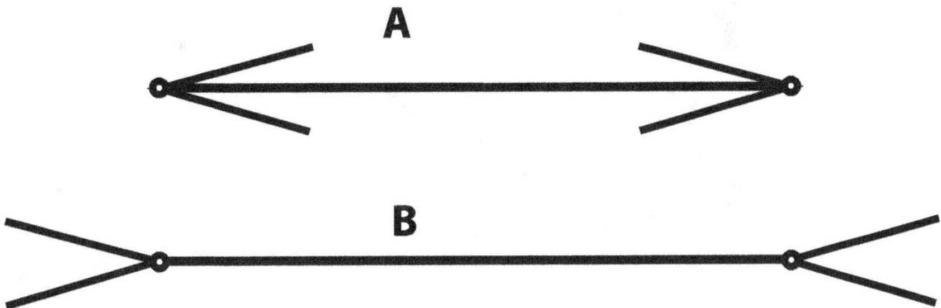


Welches Liniensegment ist länger, A oder B?
Obwohl Linie B viel länger zu sein scheint, sind sie in Wirklichkeit absolut gleich lang.

Es gibt noch viele weitere Beispiele dafür, wie die Form das Sehen beeinflusst, wie die Größenwahrnehmung durch umgebende Objekte beeinflusst wird und vieles mehr.

Bei der Gestaltung von Buchstaben geht es darum, eine große Anzahl von Regeln zu befolgen. Die Kalligrafie ist jedoch eine Form der Handschrift, bei der der Kalligraf mehr auf seine visuelle Wahrnehmung als auf das Lineal vertraut.

Mit der Übung kommt der intuitive Umgang mit den Regeln.

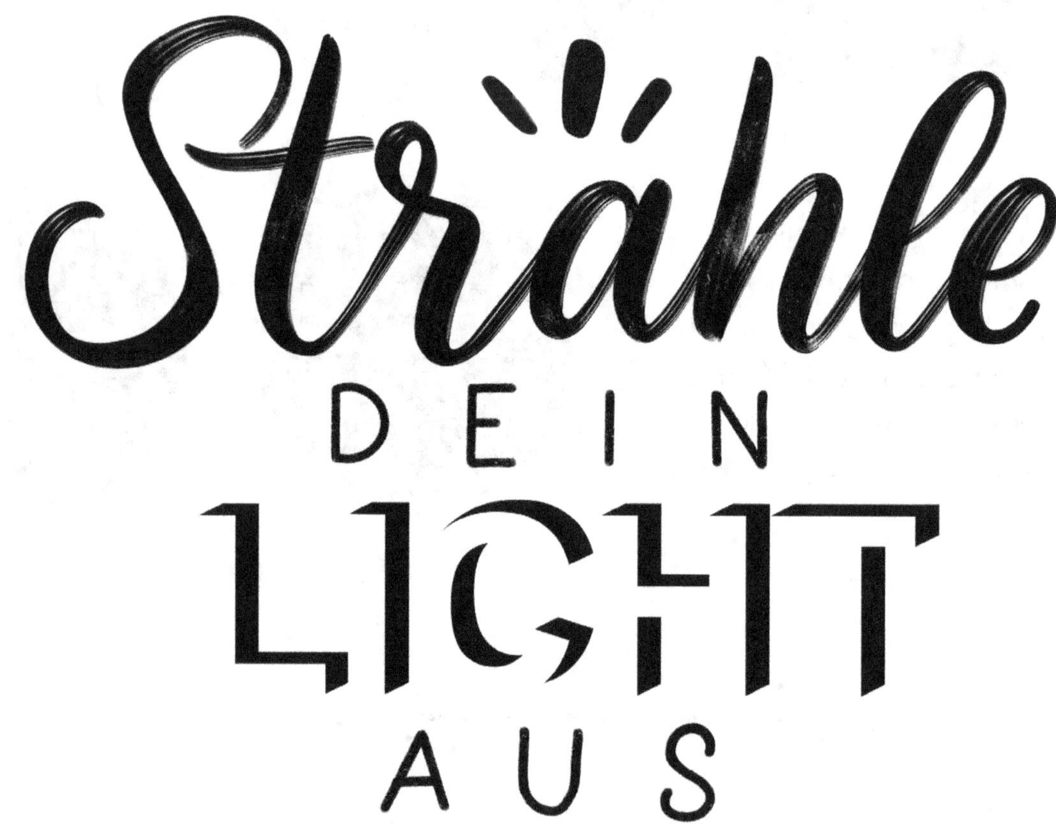

# Fangen **WIR AN**

Fangen wir mit etwas Leichtem an und spüre die künstlerische Kraft selbst in den einfachsten Buchstaben.

Spüre, wie sich der Luftraum im Inneren des Buchstabens verhält. Diese Buchstaben sind das Skelett, die Basis,
die wir später in eine Vielzahl von dekorativen Buchstaben verwandeln können.

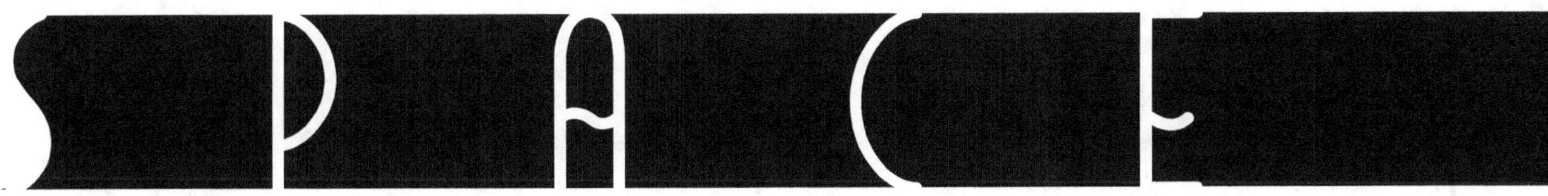


Lass uns zunächst an der Steifheit der Hand arbeiten. Unsere Hand muss
in der Lage sein, das Bild, das in unserem Kopf entsteht, zu reproduzieren.
Nimm dir Zeit und schreibe alle Buchstaben langsam und sorgfältig.

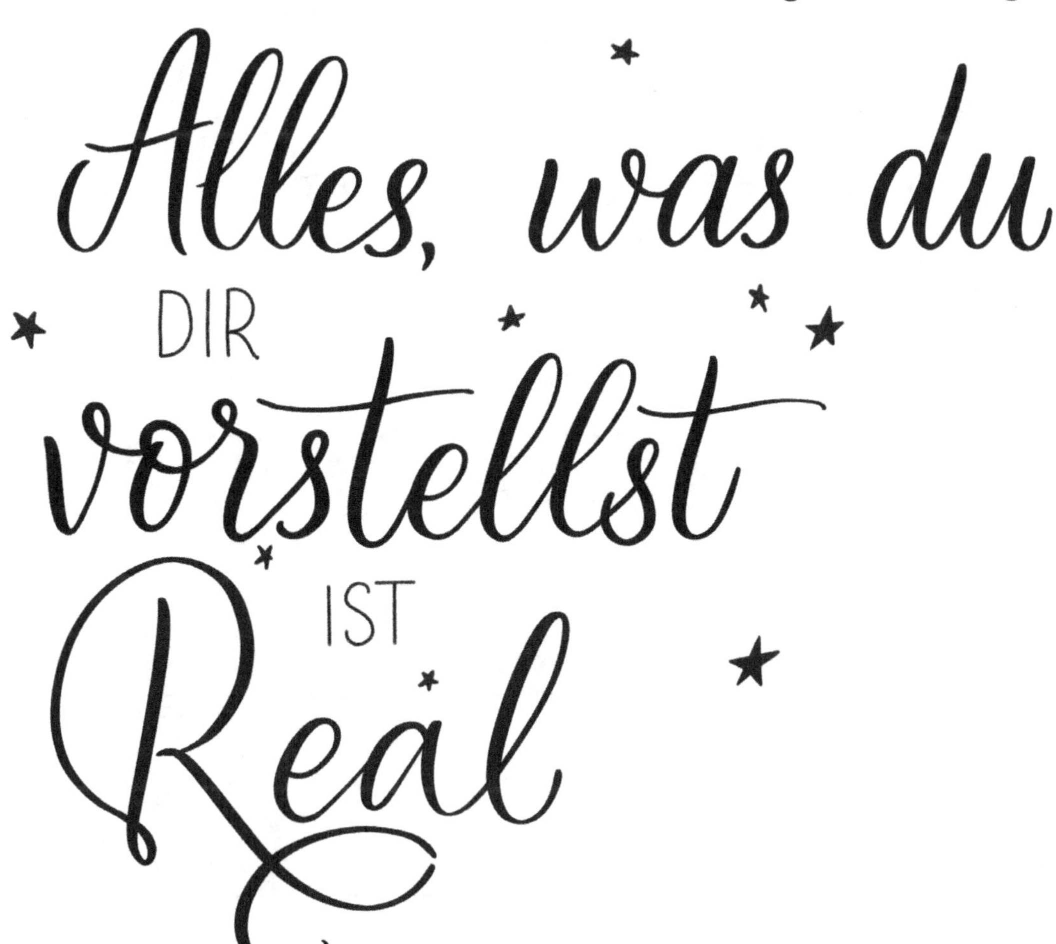

# SERIFENLOSES ALPHABET

*Nimm dir Zeit und schreibe die Buchstaben langsam und gefühlvoll*

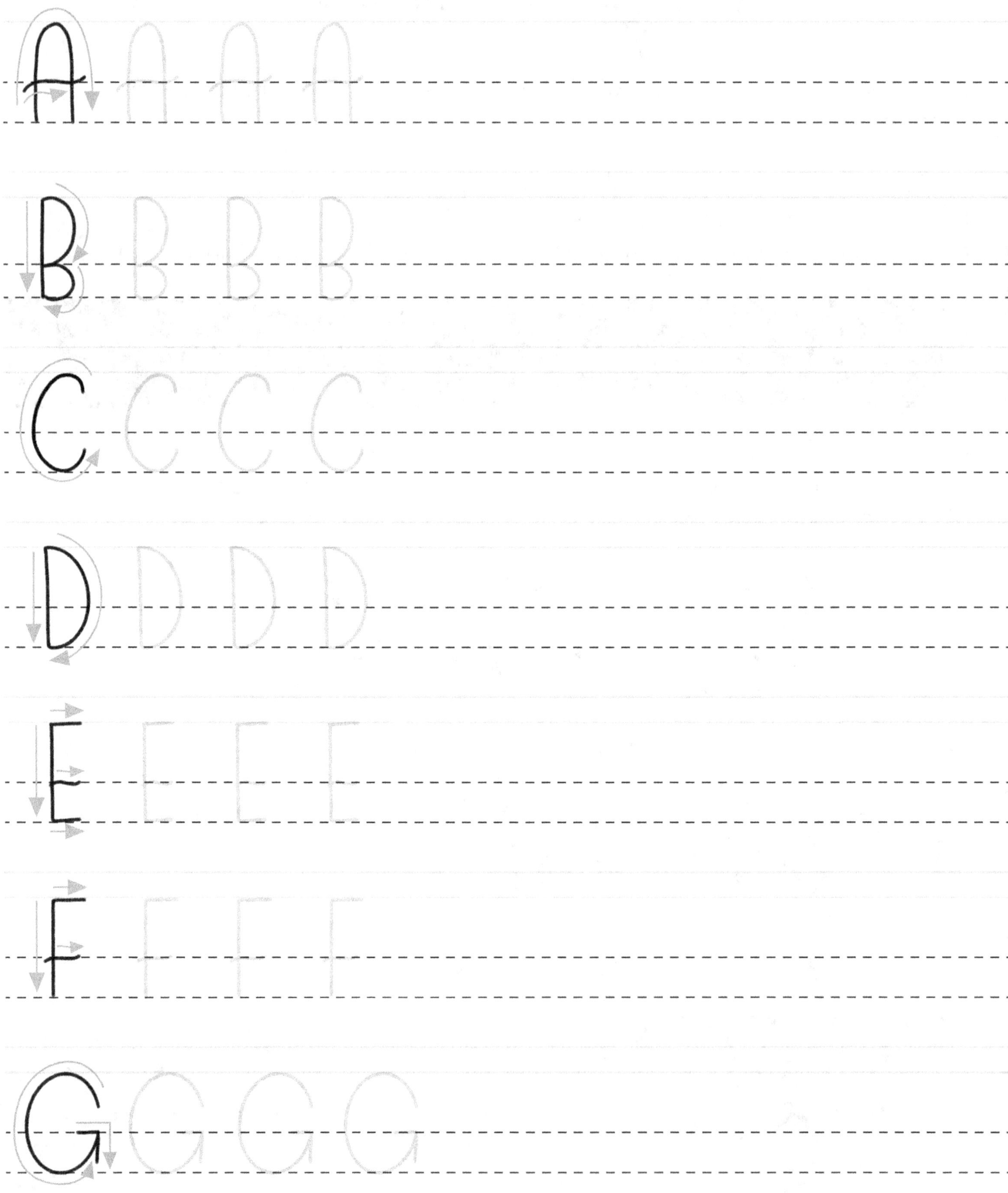

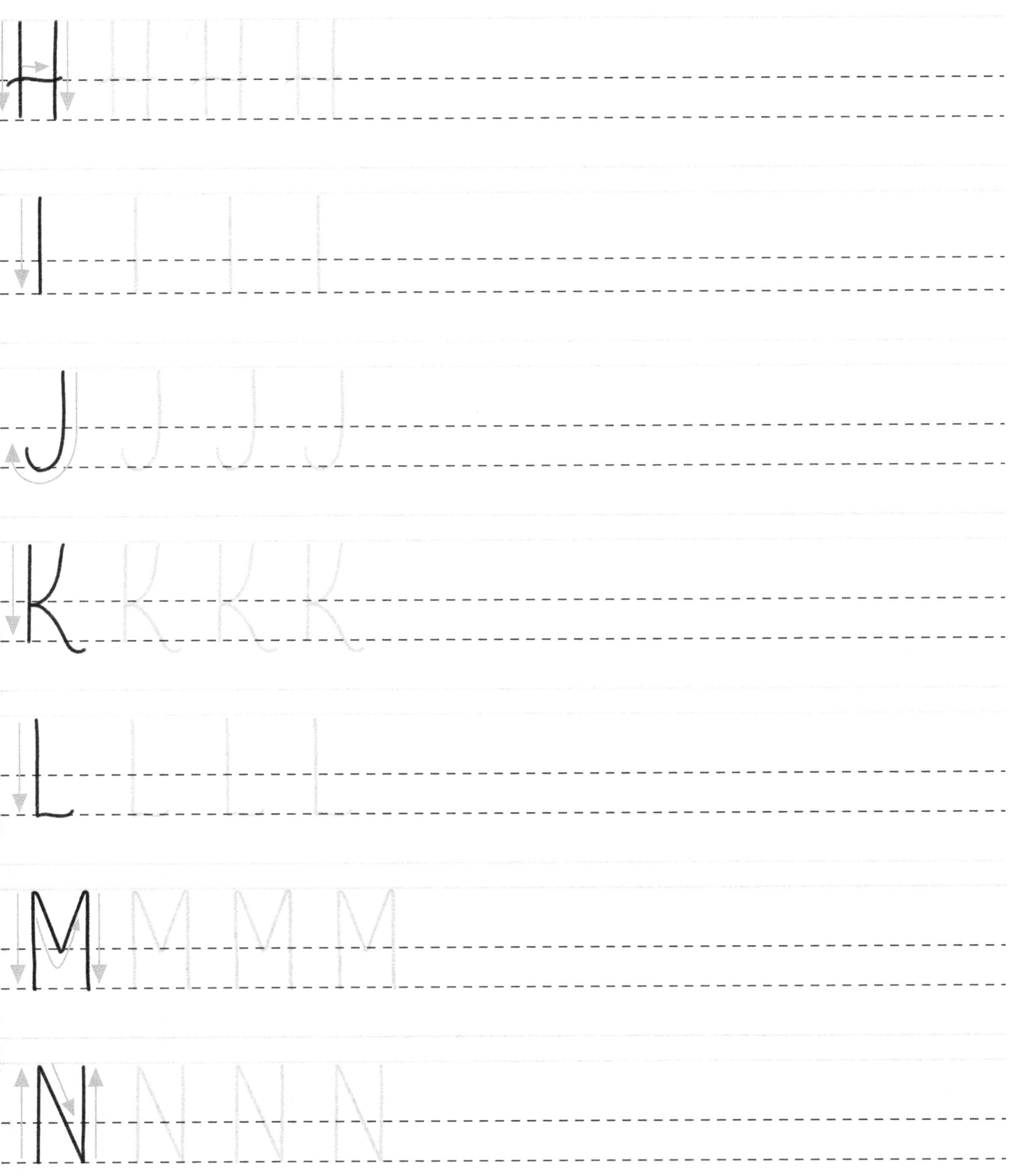

# SERIFENLOSES ALPHABET

*Nimm dir Zeit und schreibe die Buchstaben langsam und gefühlvoll*

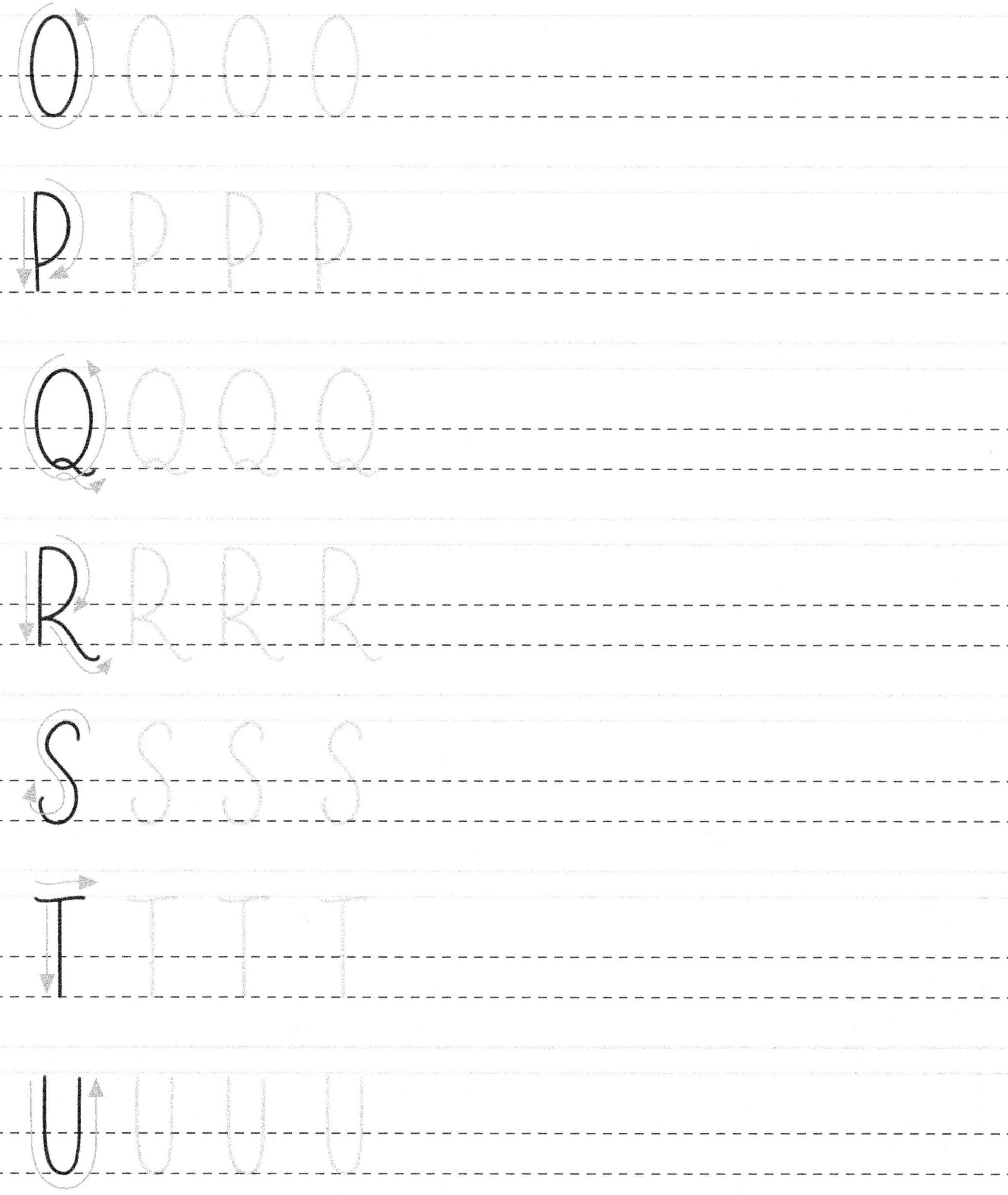

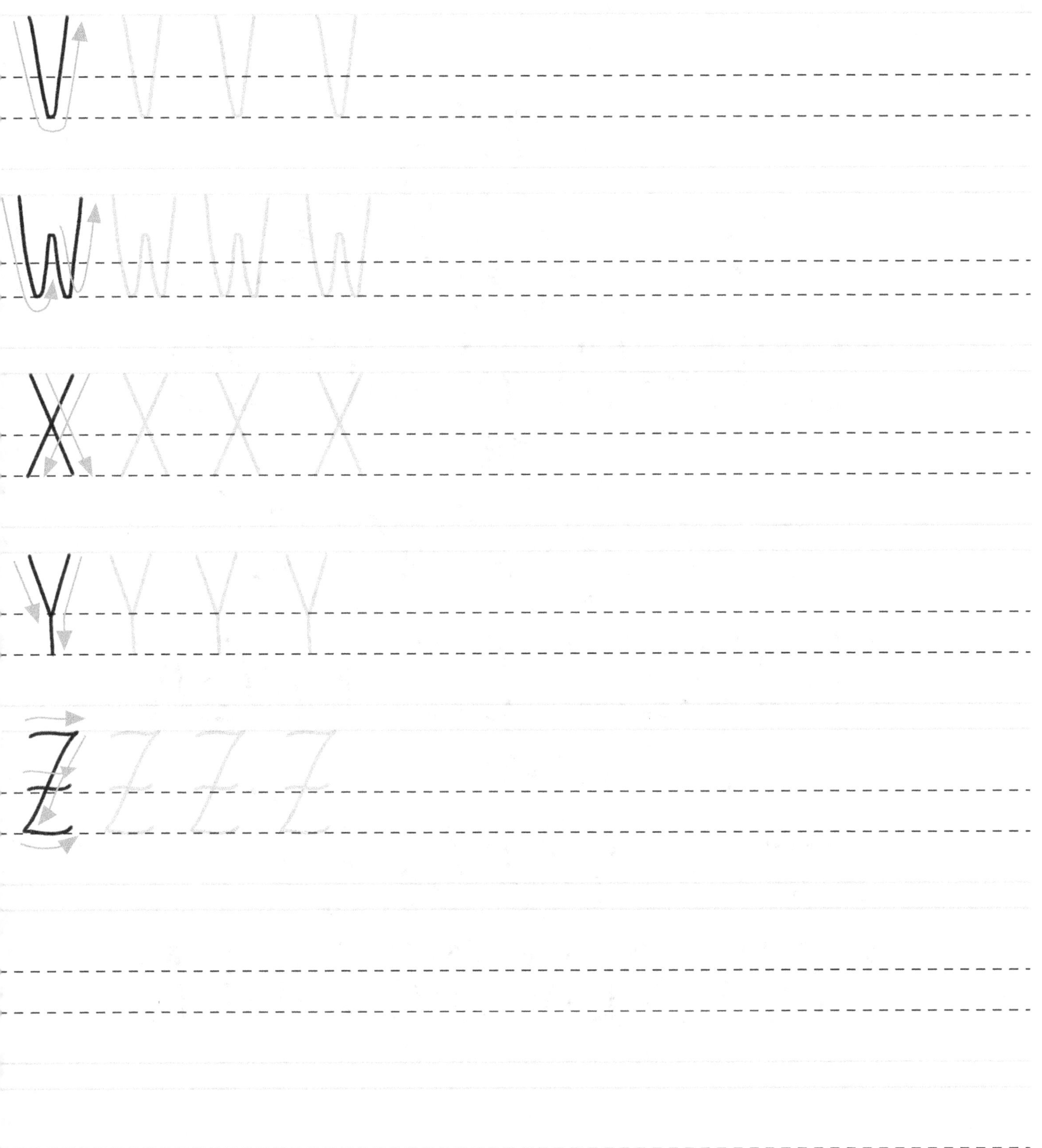

ERST
SCHAUEN SIE ZU
DANN
HASSEN SIE EINEN
DANN
KOPIEREN SIE EINEN

# *Monoline* KALLIGRAFIE

## *Super!*

Schon sind wir einen Schritt weiter
in der Welt der Buchstaben!

Die nächste Monoline Schrift ist besonders für Anfänger geeignet. Sie wird dir
helfen, eine gleichmäßige Strichführung zu erreichen und dein Muskelgedächtnis
zu trainieren.

Füge einen Zwischenraum zwischen den Buchstaben ein.

Gehe nicht auf der gleichen Linie zurück, mache einen Einzug.

# GRUNDLEGENDES MONOLINE-ALPHABET

*Beginnen Sie jetzt mit dem Üben, indem Sie den Strichrichtungen folgen.*

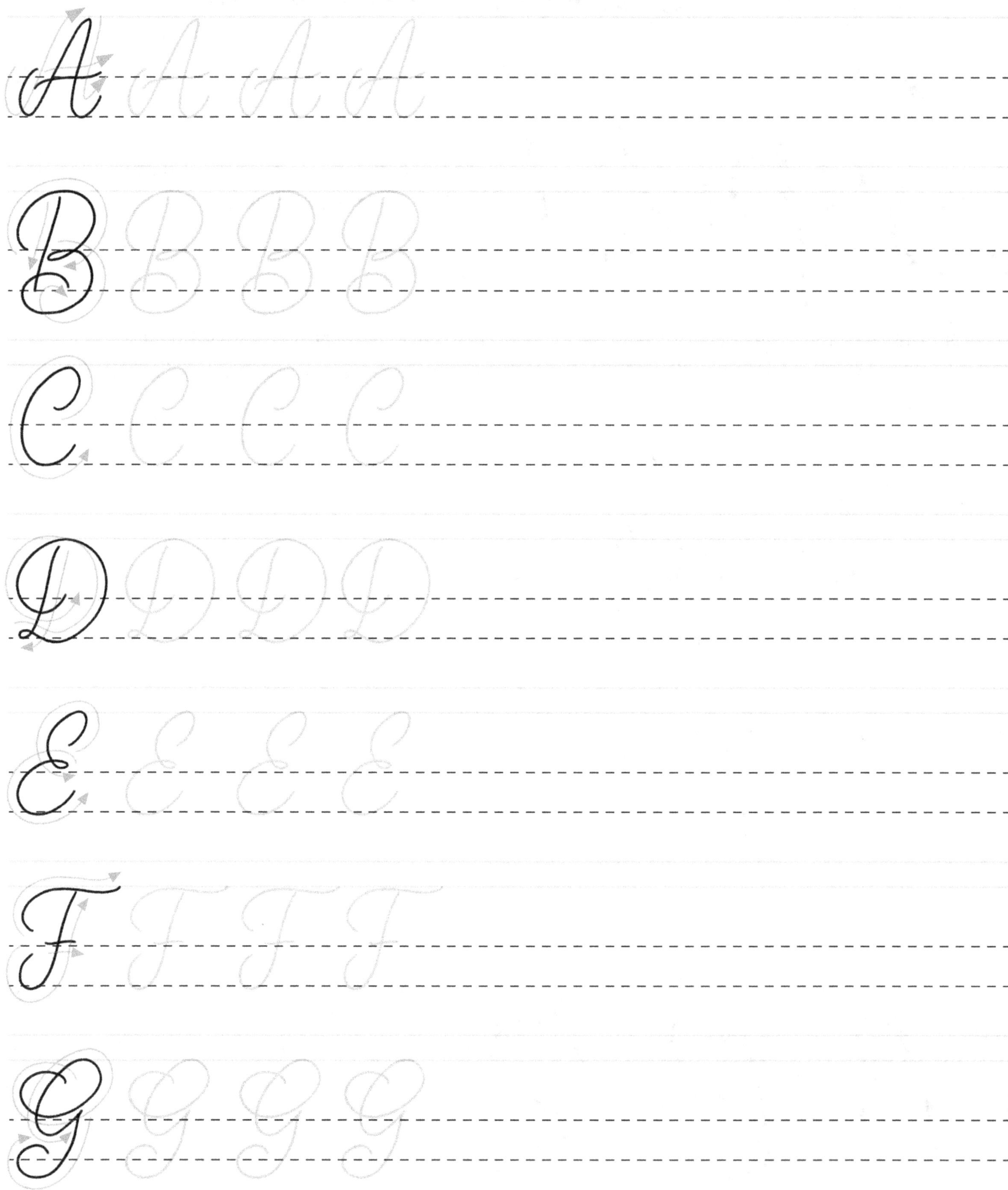

Benutzen Sie die leere Fläche zum selbständigen Üben.

# GRUNDLEGENDES MONOLINE-ALPHABET

*Beginnen Sie jetzt mit dem Üben, indem Sie den Strichrichtungen folgen.*

*Benutzen Sie die leere Fläche zum selbständigen Üben.*

# GRUNDLEGENDES MONOLINE-ALPHABET

*Beginnen Sie jetzt mit dem Üben, indem Sie den Strichrichtungen folgen.*

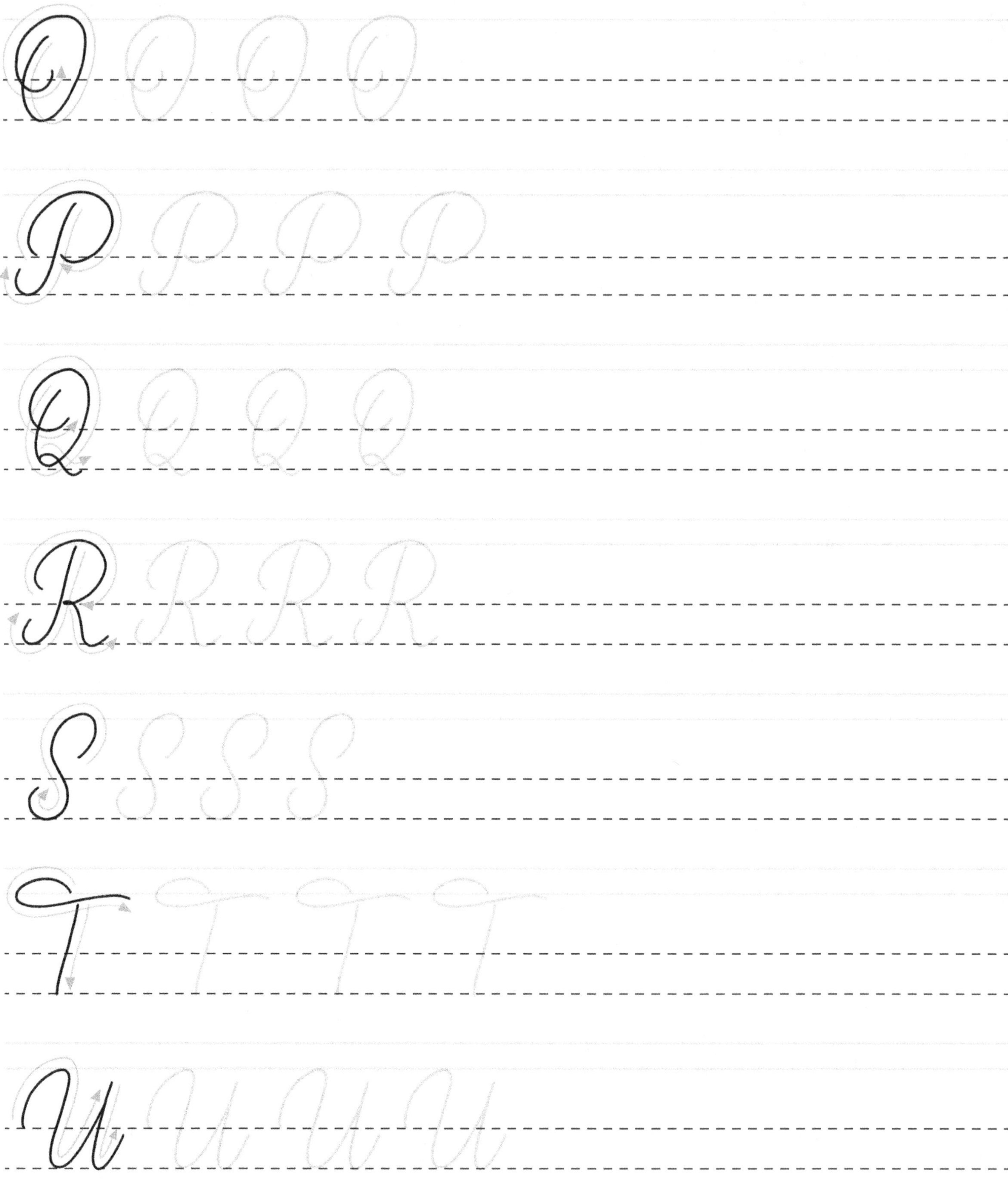

*Benutzen Sie die leere Fläche zum selbständigen Üben.*

# GRUNDLEGENDES MONOLINE-ALPHABET

*Beginnen Sie jetzt mit dem Üben, indem Sie den Strichrichtungen folgen.*

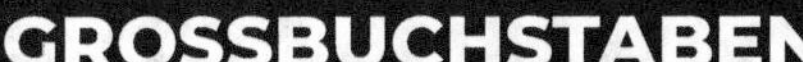

*Benutzen Sie die leere Fläche zum selbständigen Üben.*

# GRUNDLEGENDES MONOLINE-ALPHABET

*Beginnen Sie jetzt mit dem Üben, indem Sie den Strichrichtungen folgen.*

a a a a

b b b b

c c c c

d d d d

e e e e

f f f f

g g g g

*Benutzen Sie die leere Fläche zum selbständigen Üben.*

# GRUNDLEGENDES MONOLINE-ALPHABET

*Beginnen Sie jetzt mit dem Üben, indem Sie den Strichrichtungen folgen.*

*Benutzen Sie die leere Fläche zum selbständigen Üben.*

# GRUNDLEGENDES MONOLINE-ALPHABET

*Beginnen Sie jetzt mit dem Üben, indem Sie den Strichrichtungen folgen.*

*Benutzen Sie die leere Fläche zum selbständigen Üben.*

# GRUNDLEGENDES MONOLINE-ALPHABET

*Beginnen Sie jetzt mit dem Üben, indem Sie den Strichrichtungen folgen.*

*Benutzen Sie die leere Fläche zum selbständigen Üben.*

# Pinselstift KALLIGRAFIE

Wir lernen nun kalligrafische Werkzeuge kennen, mit denen du Linien unterschiedlicher Dicke schreiben kannst. Verwende dazu einen Pinselstift oder einen Marker mit einer kegelförmigen Spitze.

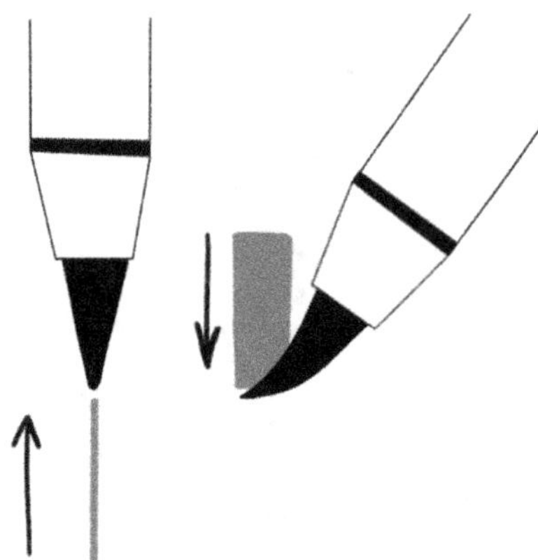

Bei diesen Werkzeugen ist es wichtig, die Art und Weise, wie du die Elemente der Buchstaben gestaltest, zu beachten, sowie die Reihenfolge, in der du sie schreibst. Die Grundregel der Kalligrafie ist, dass die Striche nach unten dicker und jene nach oben dünner sind. So verwendet man in der Kalligrafie eine Feder - denn mit einer Feder kann man keinen dicken Aufstrich schreiben!

Beginnen wir mit dem Strich nach unten und mit der Stärke des Drucks.

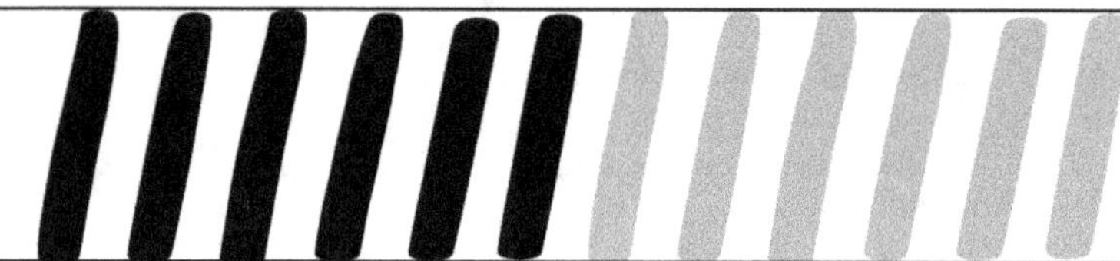

Übe keinen Druck von oben nach unten auf den Marker aus, da die Spitze dadurch verzogen wird und schnell ihre Form verliert. Neige den Marker zum Zeichnen einer breiten Linie eher parallel zum Tisch.

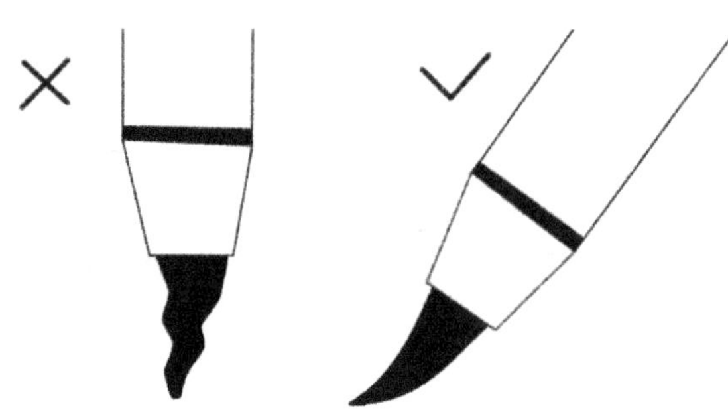

Zeichne nun vorsichtig mit der Spitze des Markers einen Strich nach oben.

Du musst nun lernen, wie man einen fließenden Übergang von einer dünnen zu einer dicken Linie macht.

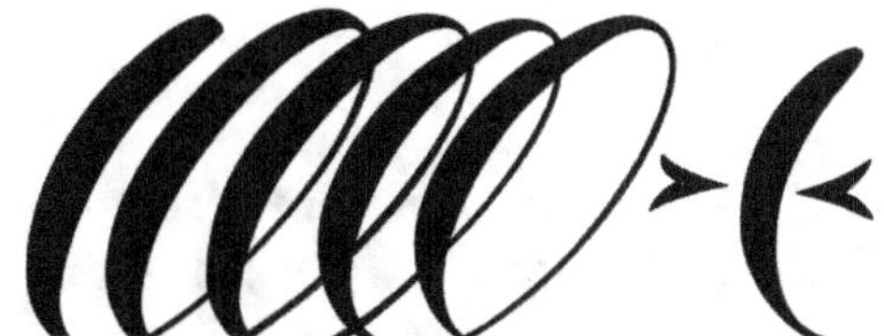

Übe sanft Druck aus, während du deine Hand nach unten bewegst.
Lasse den Druck zum Ende der Linie hin behutsam los und gehe sanft zum
nächsten Element über, ohne Druck auszuüben.

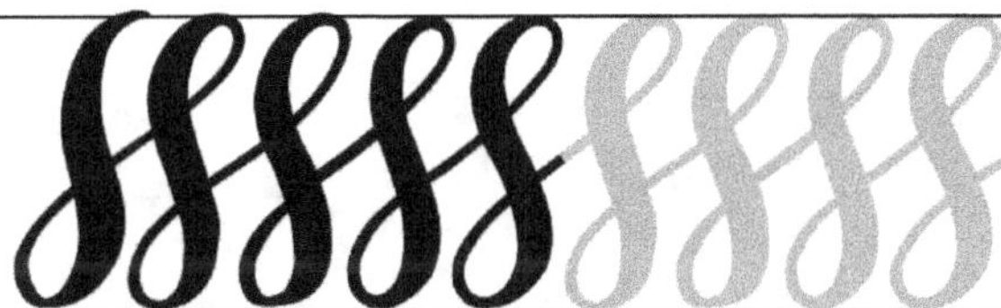

Der höchste Grad an Druck.

Wenn du ein Anfänger bist, raten wir dir, viele Übungen zu machen, damit du
die Handbewegung besser verstehst und später deine Buchstaben kunstvoller
gestalten kannst. Striche sind eine großartige Möglichkeit, Charakter in einem
Buchstaben zu erzeugen.

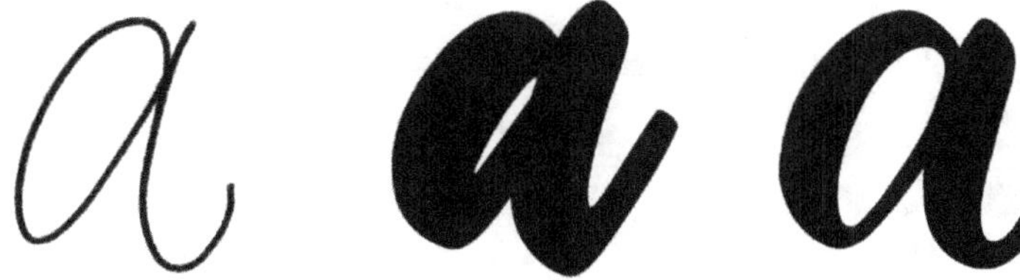

Beim Zeichnen von Buchstaben mit unterschiedlichen Strichstärken ist stets darauf
zu achten, dass bei dickeren Linien mehr Platz gelassen wird, damit die Linien
nicht ineinander übergehen. Der Bewegungsspielraum deiner Hand sollte bewusst
breiter sein.

Dicke und dünne Linien schneiden sich
nicht. Die horizontalen Striche sollten mit
dünnen Strichen gezeichnet werden.

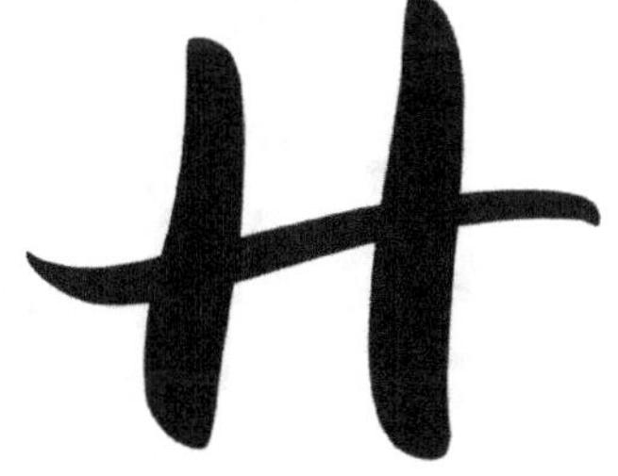

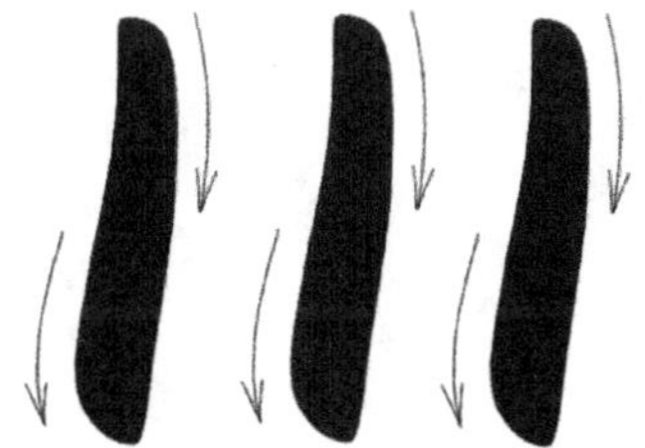

Mache eine leichte Kurve, das lässt die
Linie eleganter aussehen.

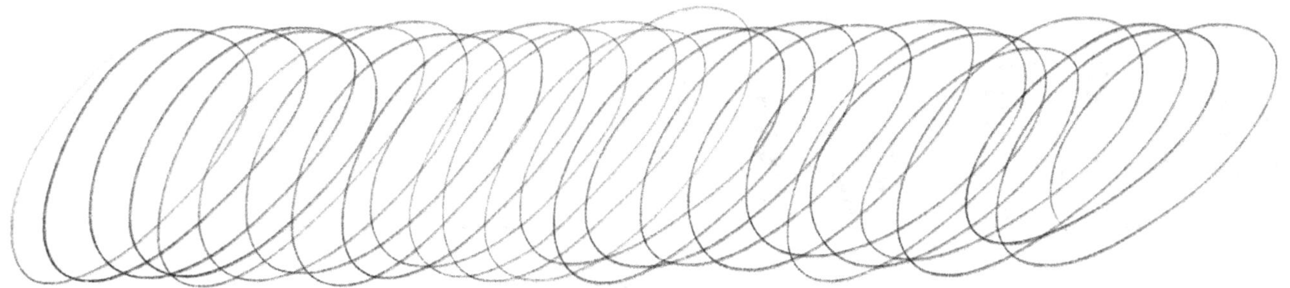

Wenn du eine übermäßige Verspannung in der Hand spürst, mach eine Arm-Entspannungsübung – zeichne eine Spirale, die sich von der Schulter weg bewegt, so dass sich das Handgelenk nicht bewegt.

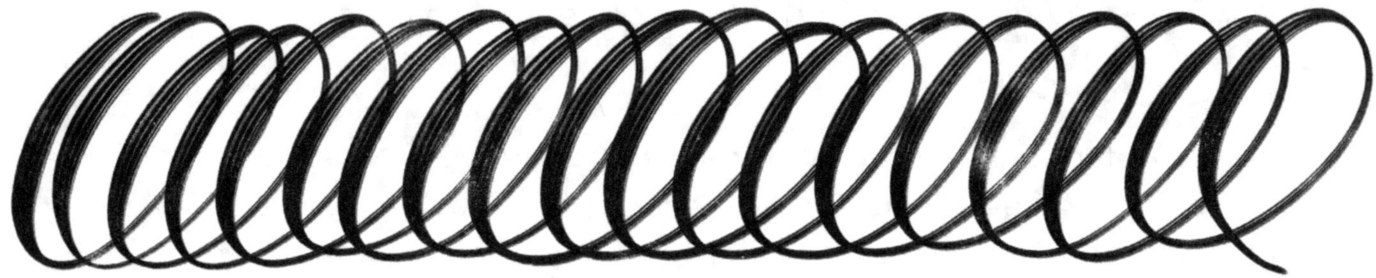

Versuche, öfter von der Schulter aus zu zeichnen, auf diese Weise werden deine Linien mehr Abstand zueinander haben.

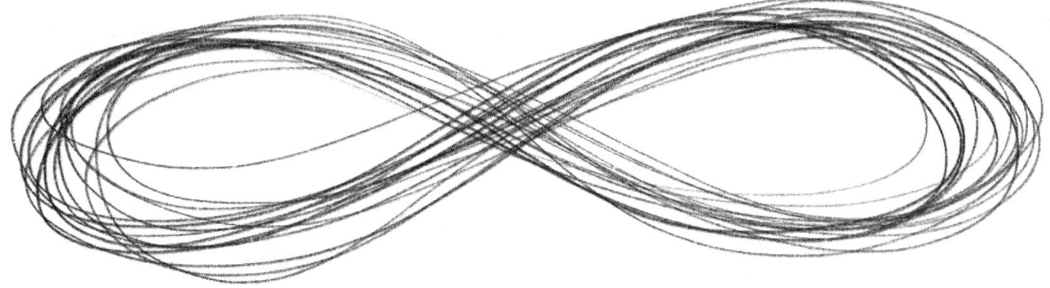

Probiere verschiedene Maßstäbe aus, um Kalligrafie zu üben.

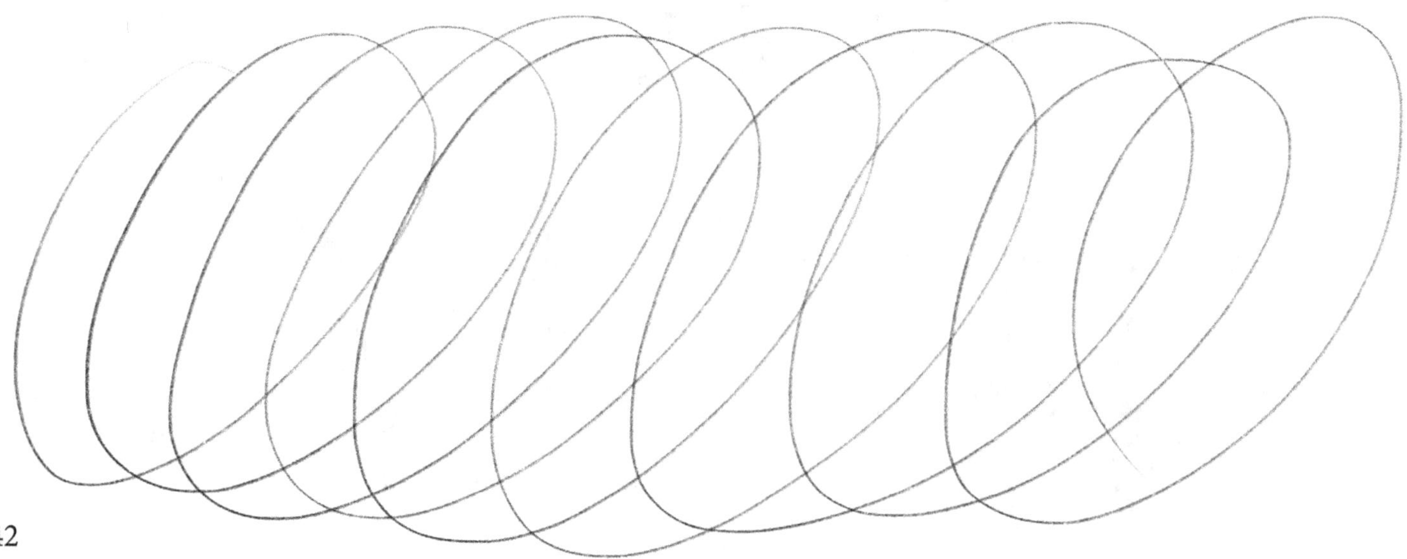

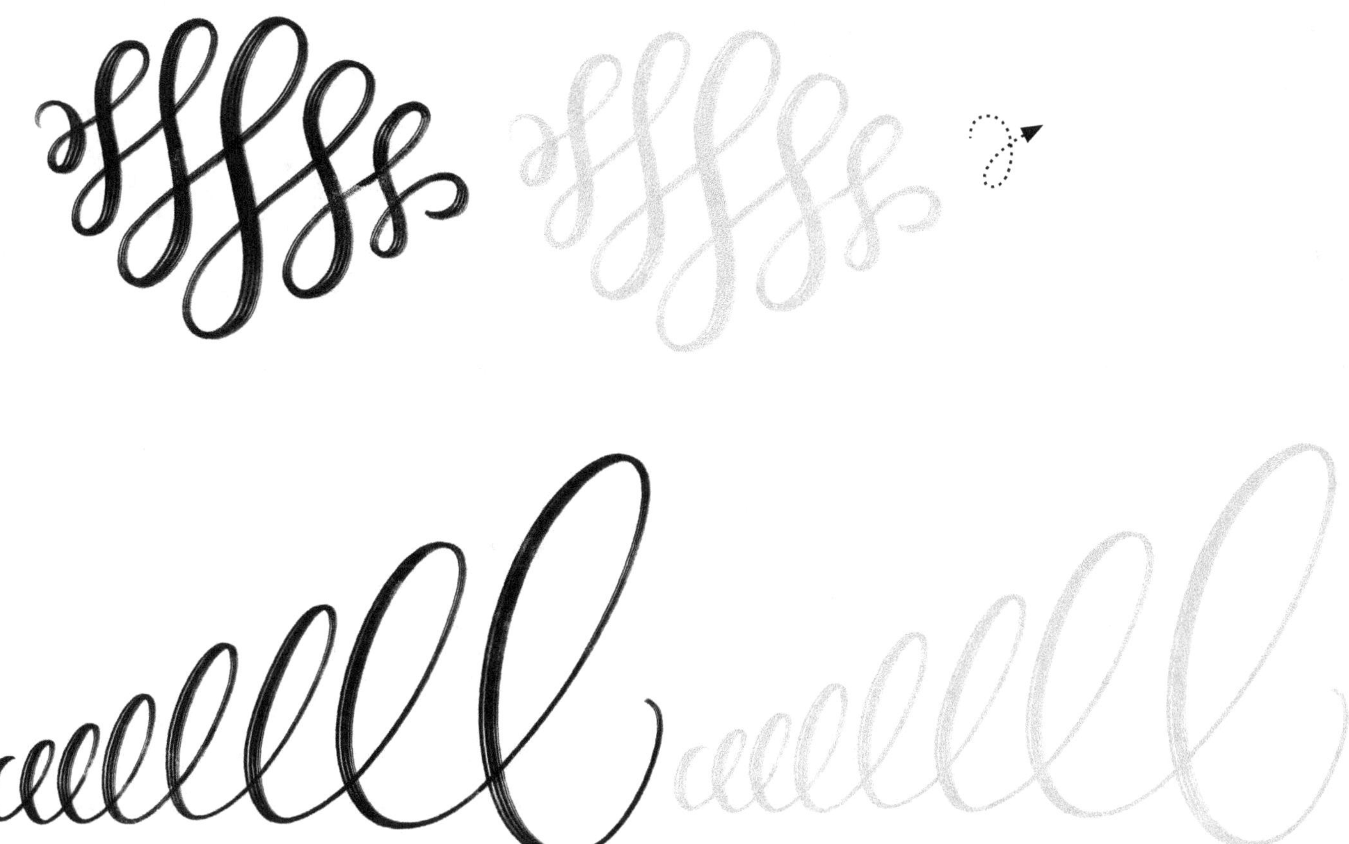

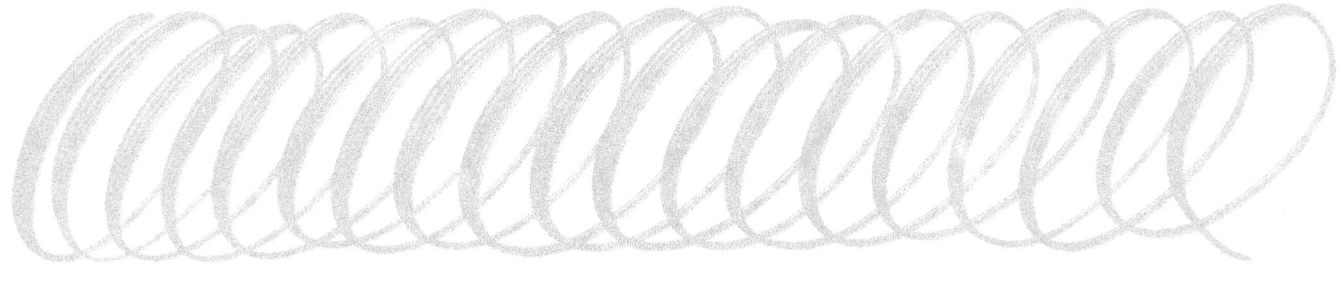

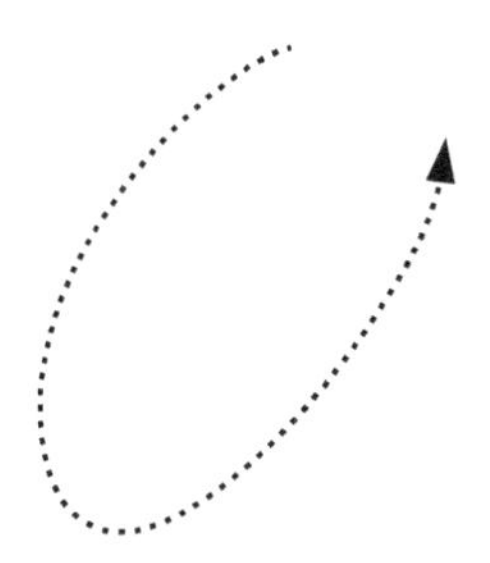

# PINSEL ALPHABET

*Beginnen Sie jetzt mit dem Üben, indem Sie den Strichrichtungen folgen.*

A A A A

B B B B

C C C C

D D D D

E E E E

F F F F

G G G G

# PINSEL ALPHABET

*Beginnen Sie jetzt mit dem Üben, indem Sie den Strichrichtungen folgen.*

# PINSEL ALPHABET

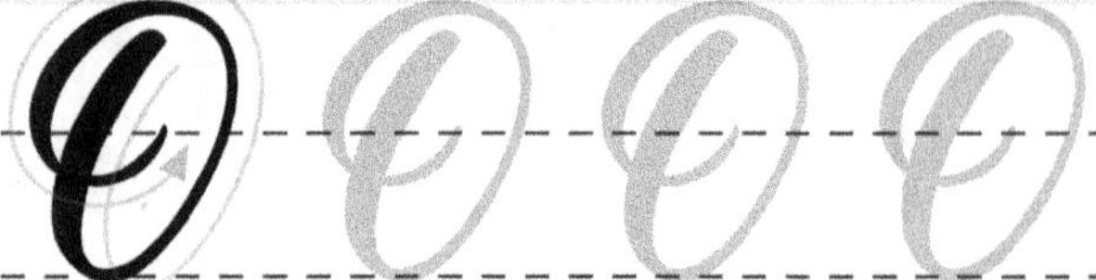

*Beginnen Sie jetzt mit dem Üben, indem Sie den Strichrichtungen folgen.*

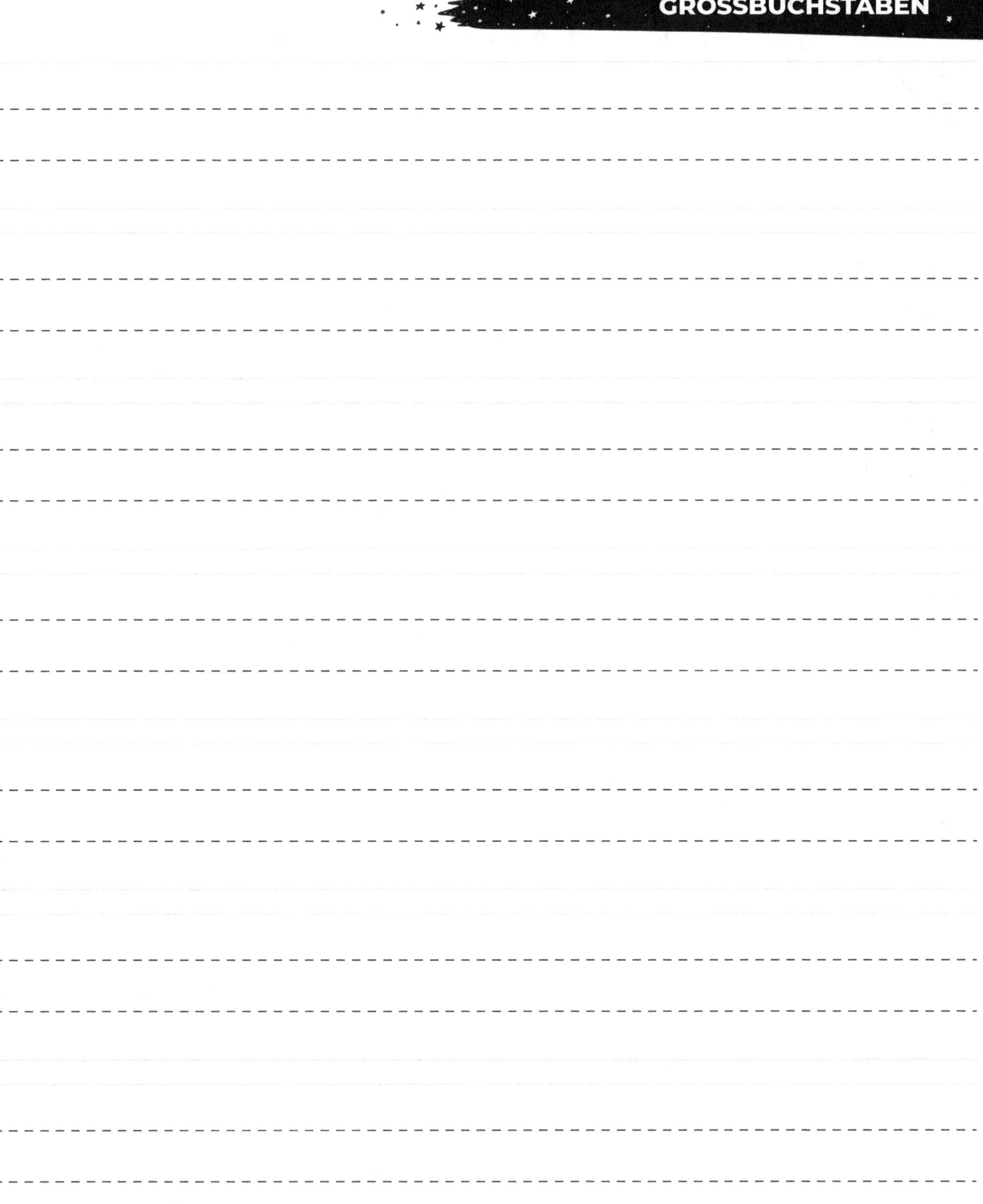

# PINSEL ALPHABET

*Beginnen Sie jetzt mit dem Üben, indem Sie den Strichrichtungen folgen.*

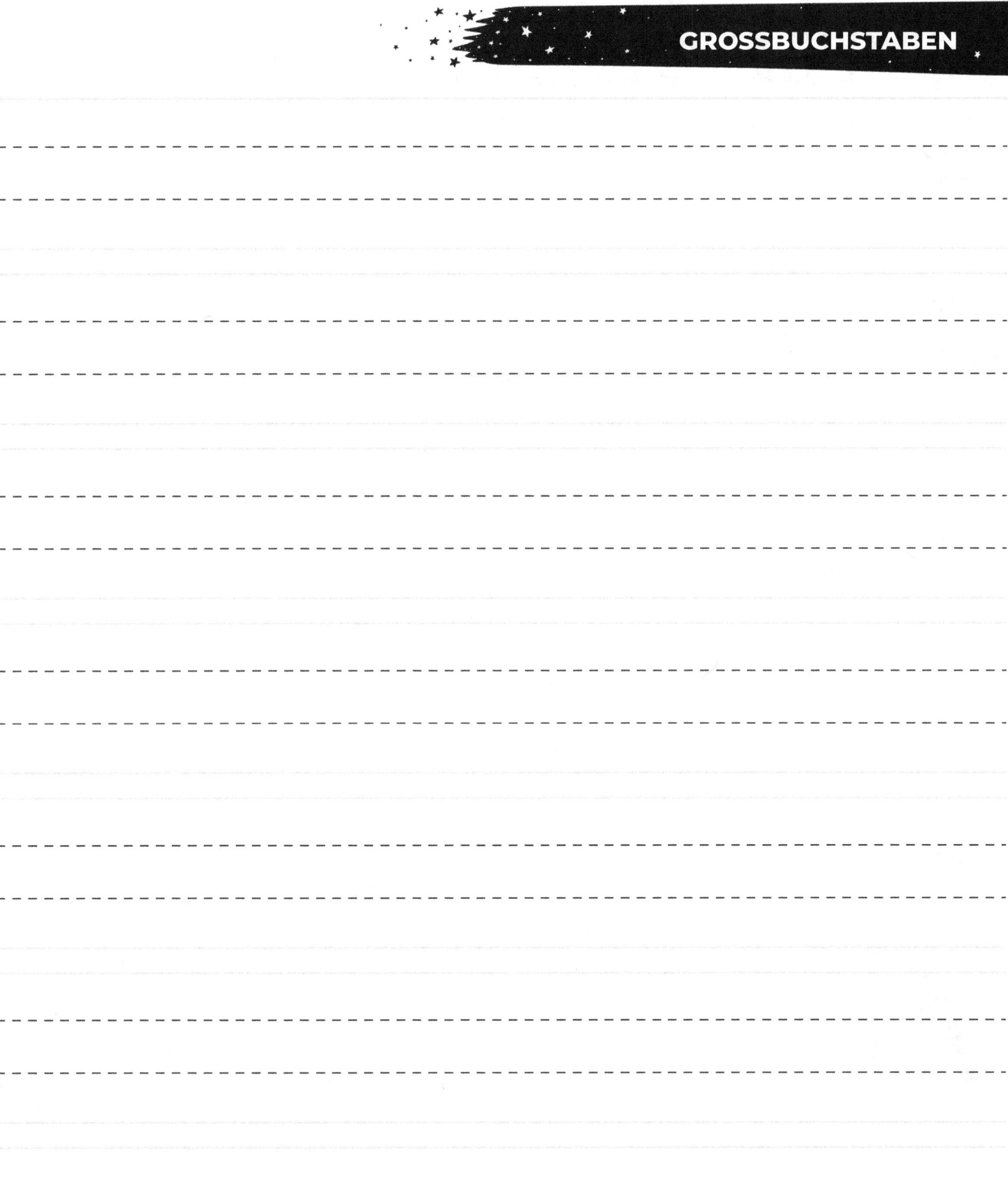

# PINSEL ALPHABET

*Beginnen Sie jetzt mit dem Üben, indem Sie den Strichrichtungen folgen.*

# PINSEL ALPHABET

*Beginnen Sie jetzt mit dem Üben, indem Sie den Strichrichtungen folgen.*

h h h h

i i i i

j j j j

k k k k

l l l l

m m m m

n n n n

# PINSEL ALPHABET

*Beginnen Sie jetzt mit dem Üben, indem Sie den Strichrichtungen folgen.*

o o o o

p p p p

q q q q

r r r r

s s s s

t t t t

u u u u

# PINSEL ALPHABET

*Beginnen Sie jetzt mit dem Üben, indem Sie den Strichrichtungen folgen.*

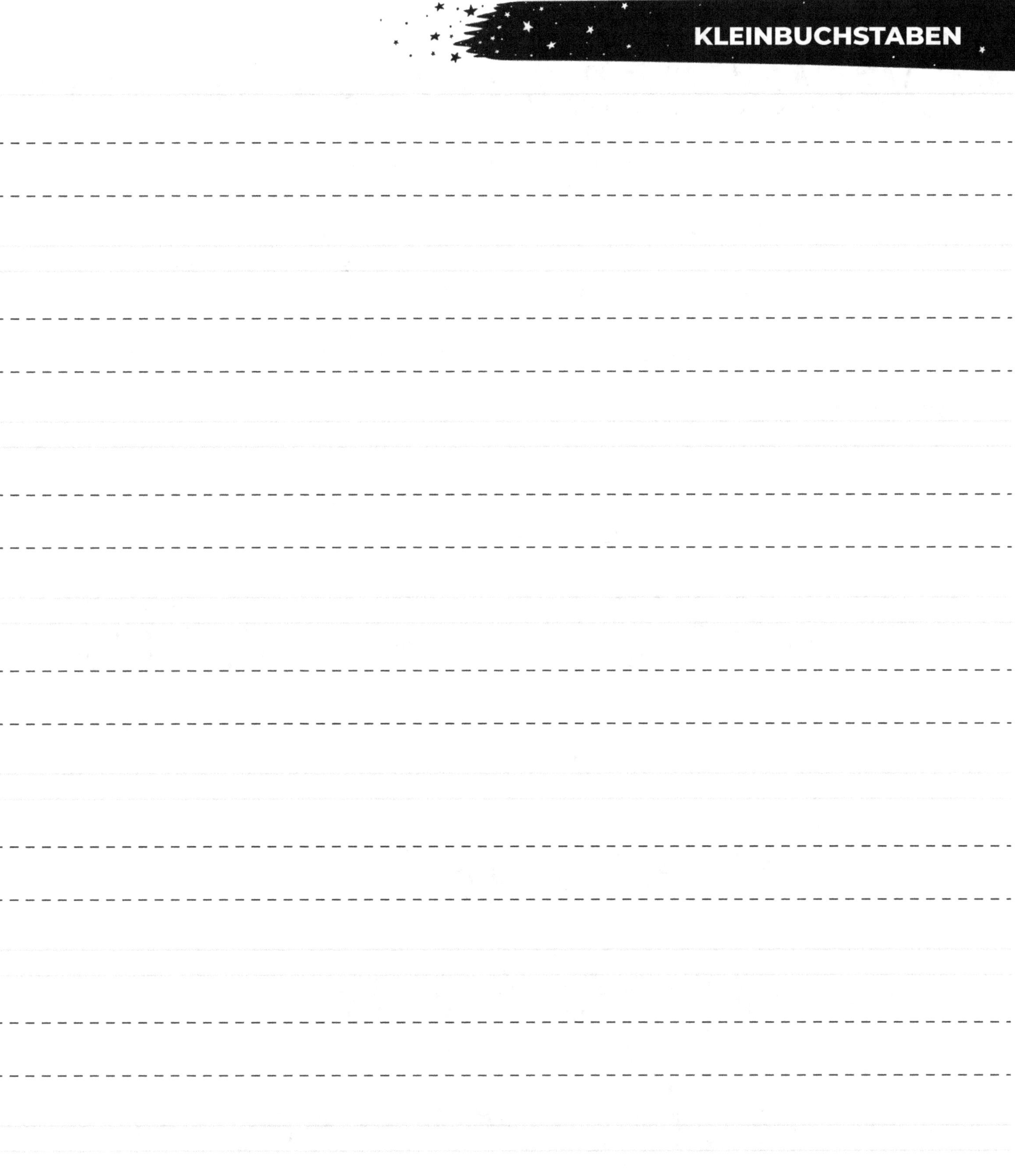

# Buchstaben ZUSAMMENSETZEN

Du hast bereits im Kapitel über optische Täuschungen gelernt, dass Buchstaben mehr Kreativität als technisches Geschick erfordern. Wenn man die Buchstaben mit einem Lineal auf den gleichen Abstand bringt, sieht das optisch nicht harmonisch aus, weil die Abstände zwischen den Buchstaben nicht gleich groß sind. Kerning ermöglicht es, visuelle Unterschiede in den Abständen auszugleichen.

Kerning ist die Anpassung des Abstands zwischen einem bestimmten Zeichenpaar.

## LT LT

Tracking wiederum ist die Anpassung des Abstands zwischen allen Zeichen.

## WASSER    WASSER

Mit Hilfe des Buchstabenabstands kannst du verschiedene Stimmungen erzeugen und unterschiedliche visuelle Effekte erzielen.

*minimum*

*minimum*

*minimum*

Du kannst die visuelle Gewichtung eines Wortes in einer Zusammensetzung von Buchstaben ändern.

Die Vielseitigkeit von handgeschriebenen Buchstaben ermöglicht es, den leeren Raum innerhalb eines Wortes durch die Form der Buchstaben auszugleichen. Dies können Sie tun, indem Sie Striche verwenden oder indem Sie die Elemente der Buchstaben so anordnen, wie es die Komposition erfordert.

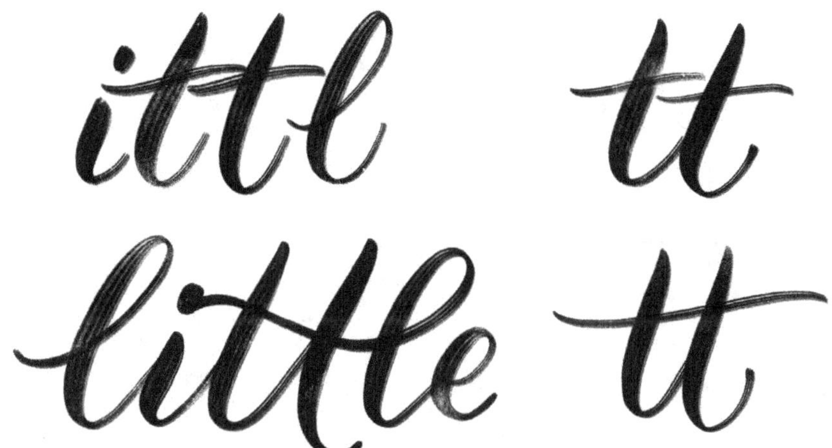

Einige Elemente können dagegen zu nahe beieinanderliegen und die Zusammensetzung stören. In solchen Fällen ist es üblich, eine Ligatur zu verwenden.

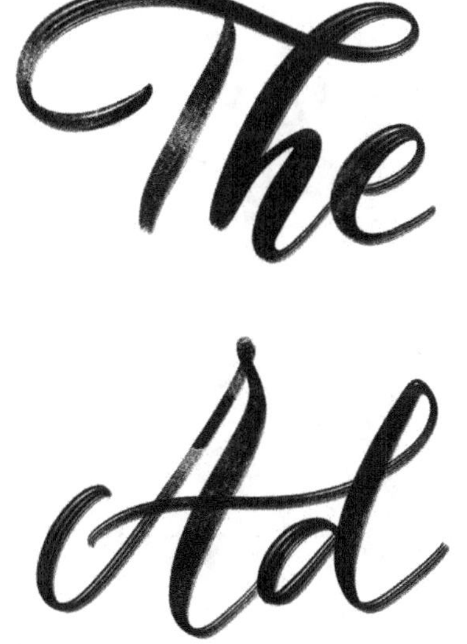

Eine Ligatur ist ein Zeichen, das durch die Kombination von zwei oder mehr Buchstaben gebildet wird.

Es gibt viele Arten von Ligaturen – du kannst dir sogar deine eigenen ausdenken. Setze einfach die Buchstaben zusammen und verknüpfe sie miteinander, aber achte auf ihre Lesbarkeit.

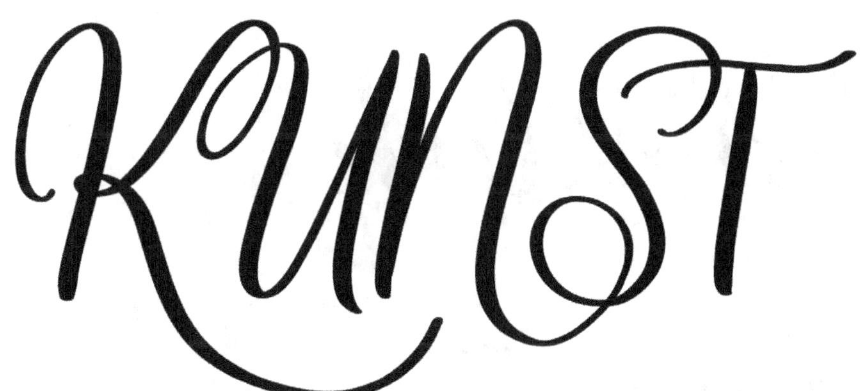

Wärme dich jedes Mal mit Übungen auf, bevor du mit dem Schreiben beginnst.

# BRUSH-PEN BUCHSTABENWÖRTER

*Befolgen Sie die Richtlinien und nutzen Sie den leeren Raum zum Üben.*

Liebe

Traum

Bar

Apfel

Getränk

Glücklich

Arbeit

# BRUSH-PEN BUCHSTABENWÖRTER

*Befolgen Sie die Richtlinien und nutzen Sie den leeren Raum zum Üben.*

Mädchen

Tanz

Leben

Hund

Freude

Hallo

Los

*Befolgen Sie die Richtlinien und nutzen Sie den leeren Raum zum Üben.*

Start

Mond

Zuhause

Katze

Erschaffen

Wasser

# Kalligraphieimitation

Für diese Übung eignet sich am besten ein Bleistift oder Fineliner, aber du kannst jede Art von Schreibwerkzeug verwenden – Marker, Kreide, Kugelschreiber oder Malstifte.

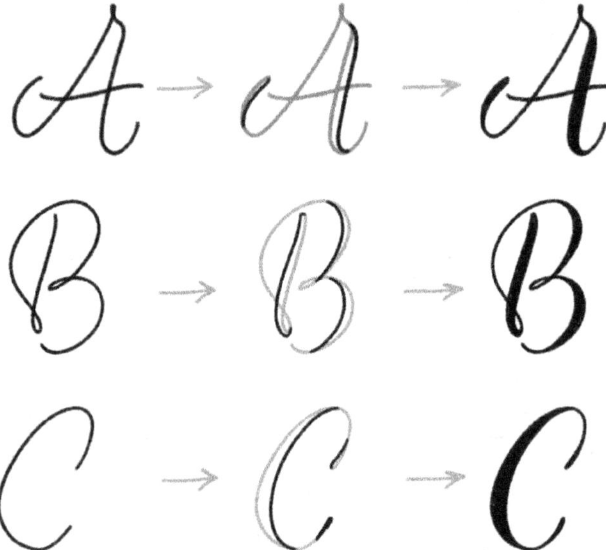

Die Imitation von Kalligraphie ist eine Erstellung von kalligrafischen Buchstaben mit einem nicht-kalligrafischen Werkzeug. Du weißt bereits, wie man Linien mit oder ohne Druck mit einem spitzen Stift zeichnet. Der nächste Schritt besteht darin, Druck zu imitieren, indem du Dicke zeichnest.

Diese Methode eignet sich hervorragend für Lettering-Kompositionen. Wenn du klassische Kalligrafie machen möchtest, ist es natürlich besser, klassische Werkzeuge zu verwenden. Aber eine andere Form von Kalligrafie auszuprobieren macht Spaß und ist eine einfache Möglichkeit, mehr Zeit damit zu verbringen, über die Gestaltung der Striche und das Layout der Buchstaben nachzudenken.

Die dicken Striche sollten so gewählt werden, dass der Raum innerhalb der Buchstaben nicht gestört wird. Achte darauf, dass du genug Platz für die Überlappungen zwischen den Buchstaben lässt.

Zeichne diese Überlappungen bei den Strichen nach unten. Lasse die verdickungen fließend zu- und abnehmen, ohne dass es zu abrupten Übergängen kommt.

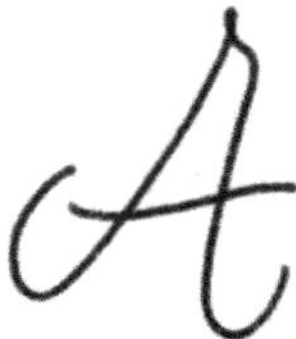
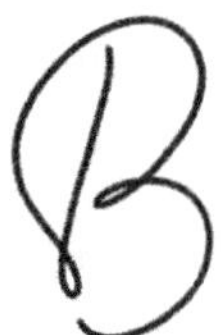
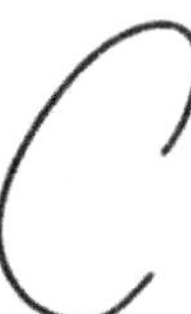

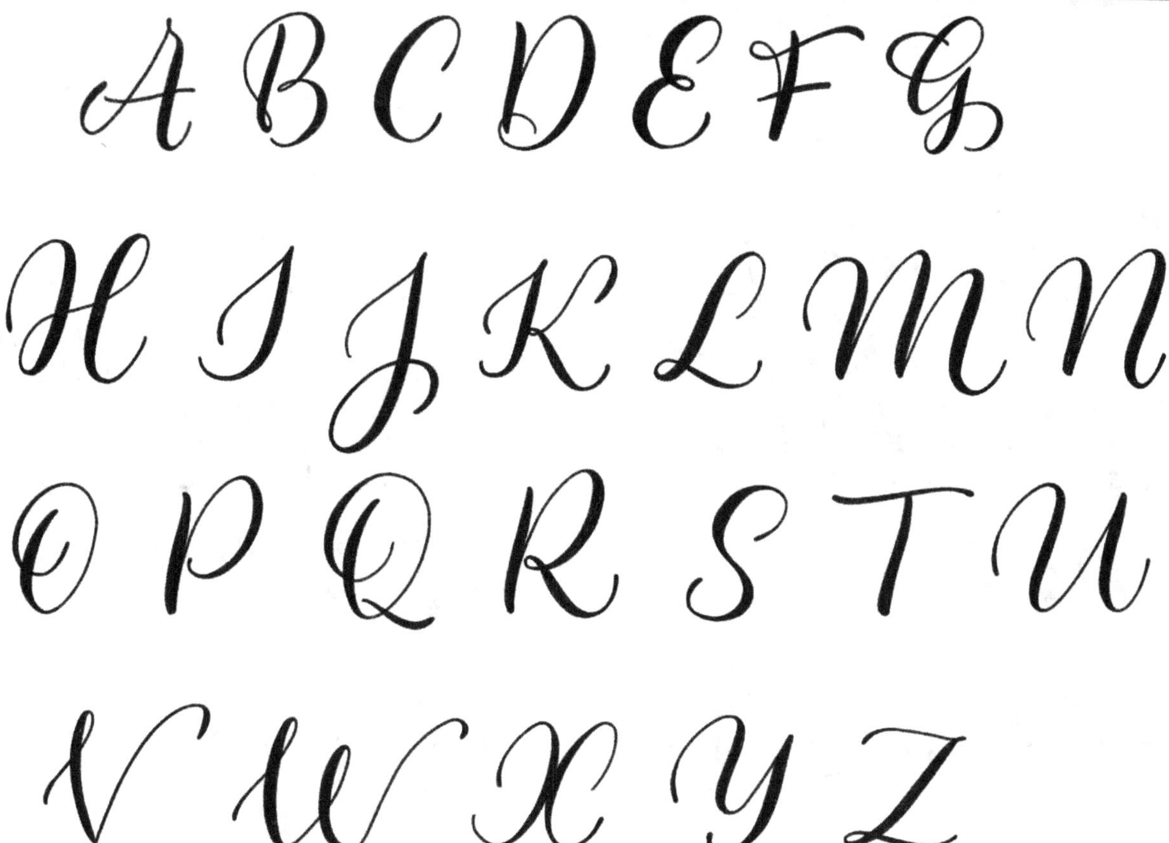

Überzeichne dieses Alphabet mit einem Bleistift oder Füller

# KALLIGRAPHIEIMITATION

Zeichne diesen Schriftzug neu.

Behalte die gleiche Dicke bei den Strichen nach unten bei.

Versuche, die Grundstriche mit Textur zu füllen.

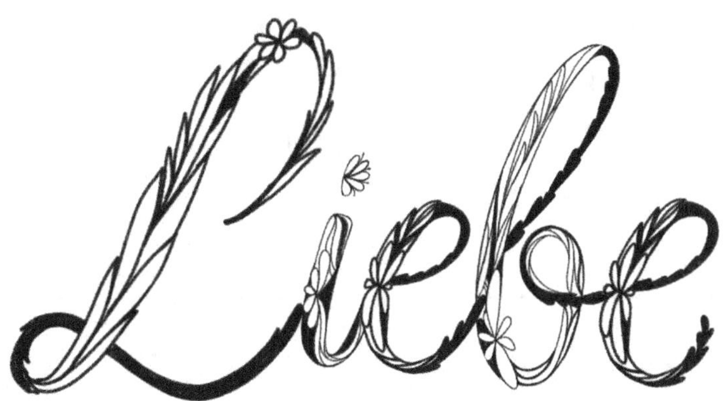

# Der Schriftstil

Das Erlernen der Kalligraphie beginnt mit dem Erlernen der Alphabete. Später wirst du jedoch in der Lage sein, deine eigenen Regeln für die Buchstaben zu erstellen. Zu diesen Regeln gehören:

Neigungswinkel ——————————————————————————

Proportionen ——————————————————————————

Kontrast ——————————————————————————

Strich- oder Serifenstil ——————————————————————————

Sobald du dich für diese Parameter entschieden hast, kannst du dein eigenes Alphabet schreiben. Wenn es um Kreativität geht, sind der Fantasie keine Grenzen gesetzt!

Wie viele verschiedene Möglichkeiten fallen dir ein, den Buchstaben A zu schreiben?

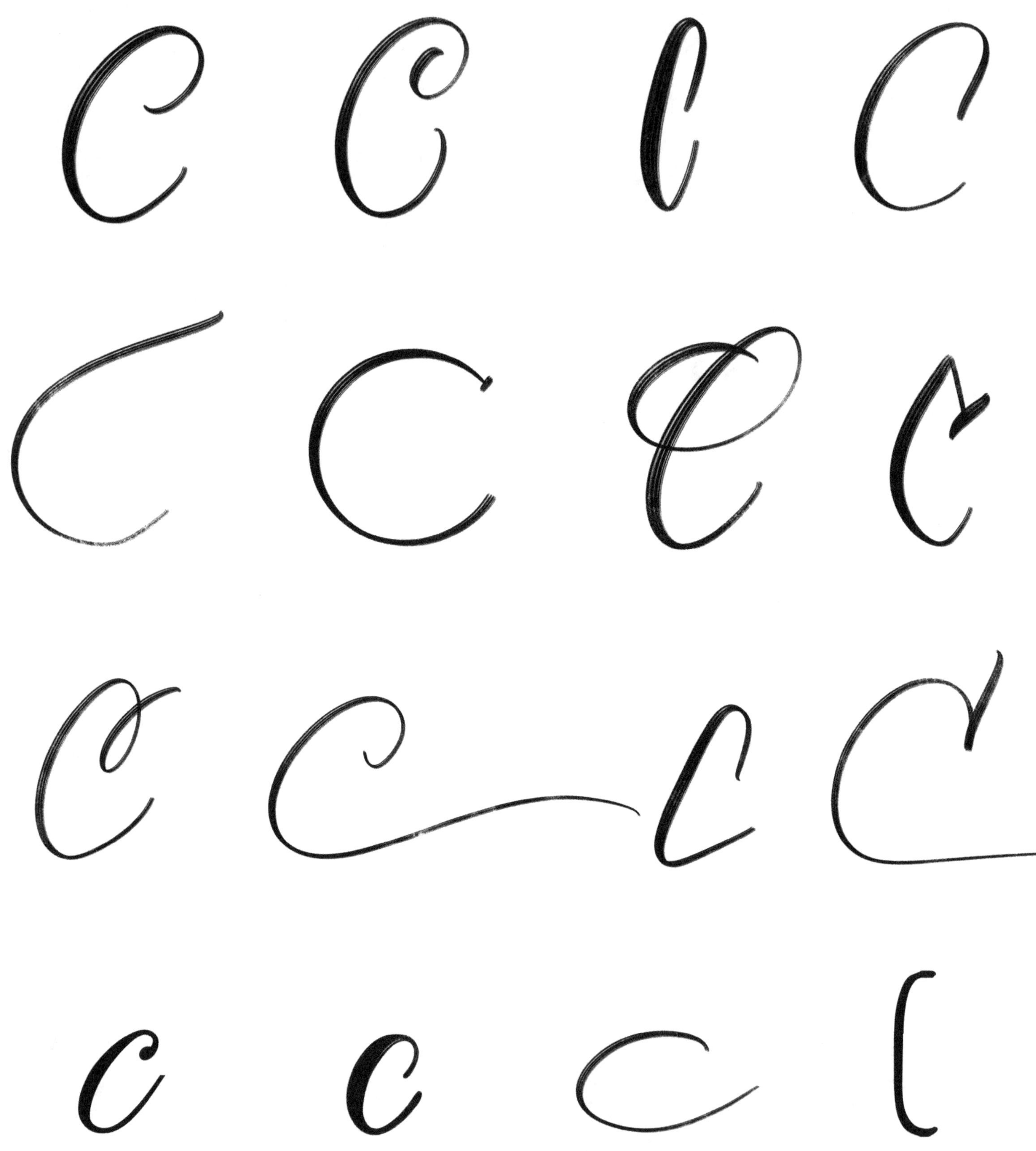

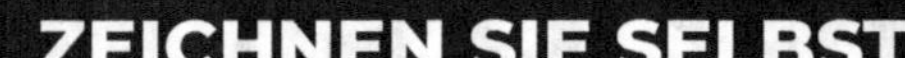

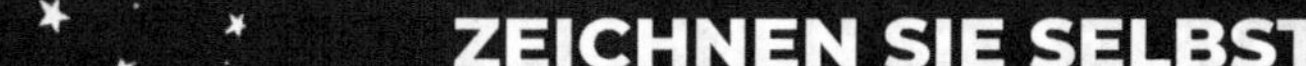
ZEICHNEN SIE SELBST

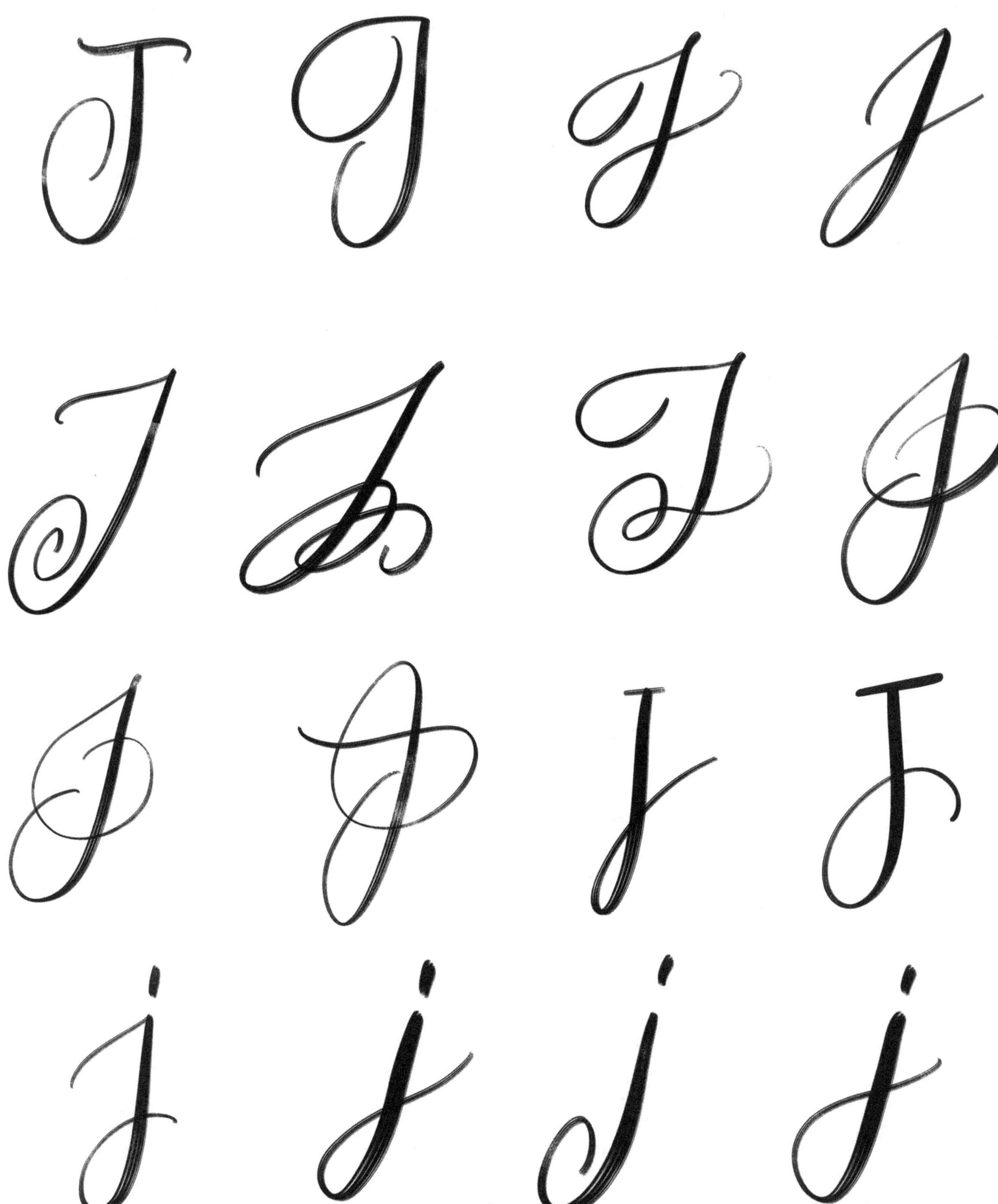

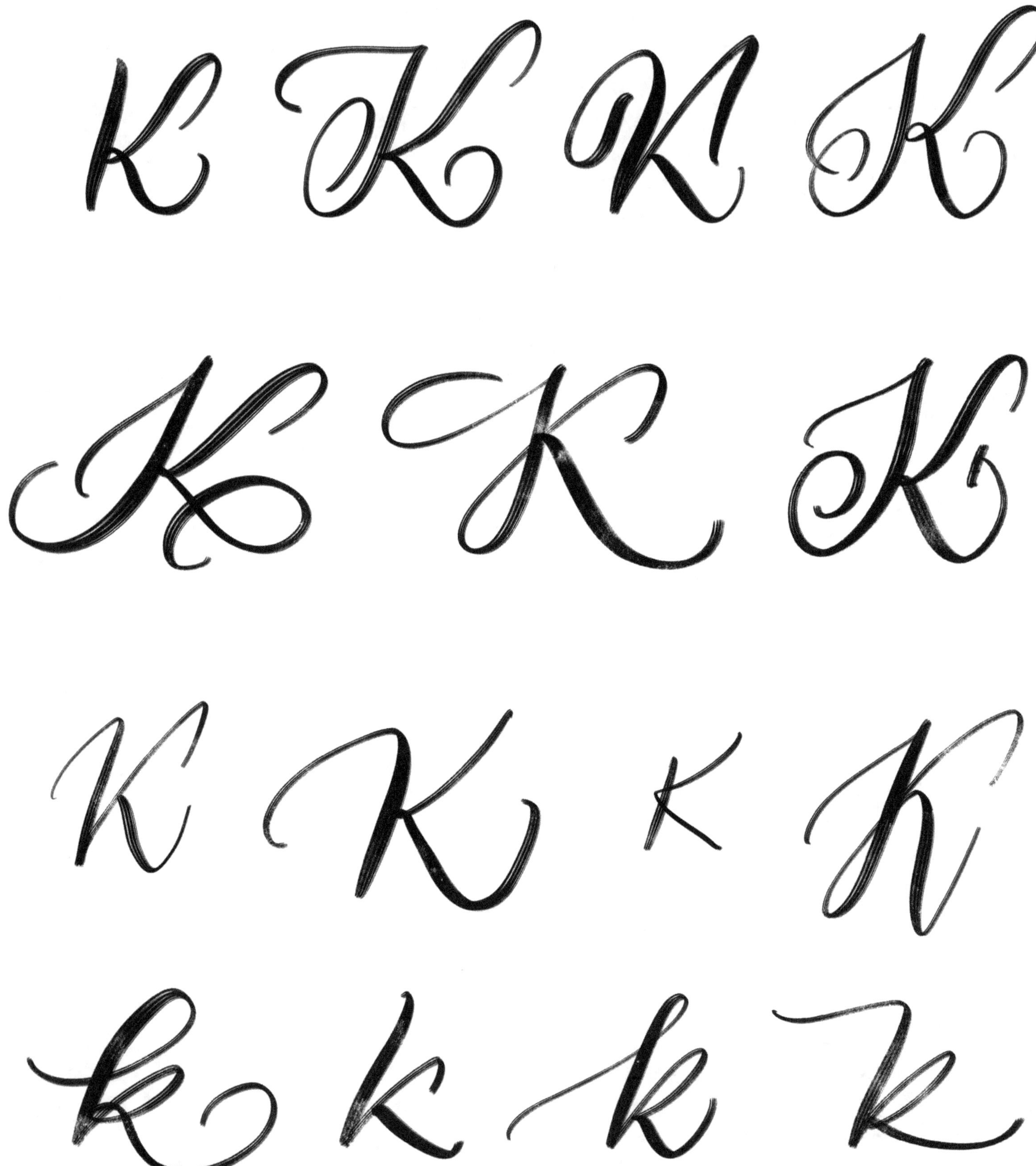

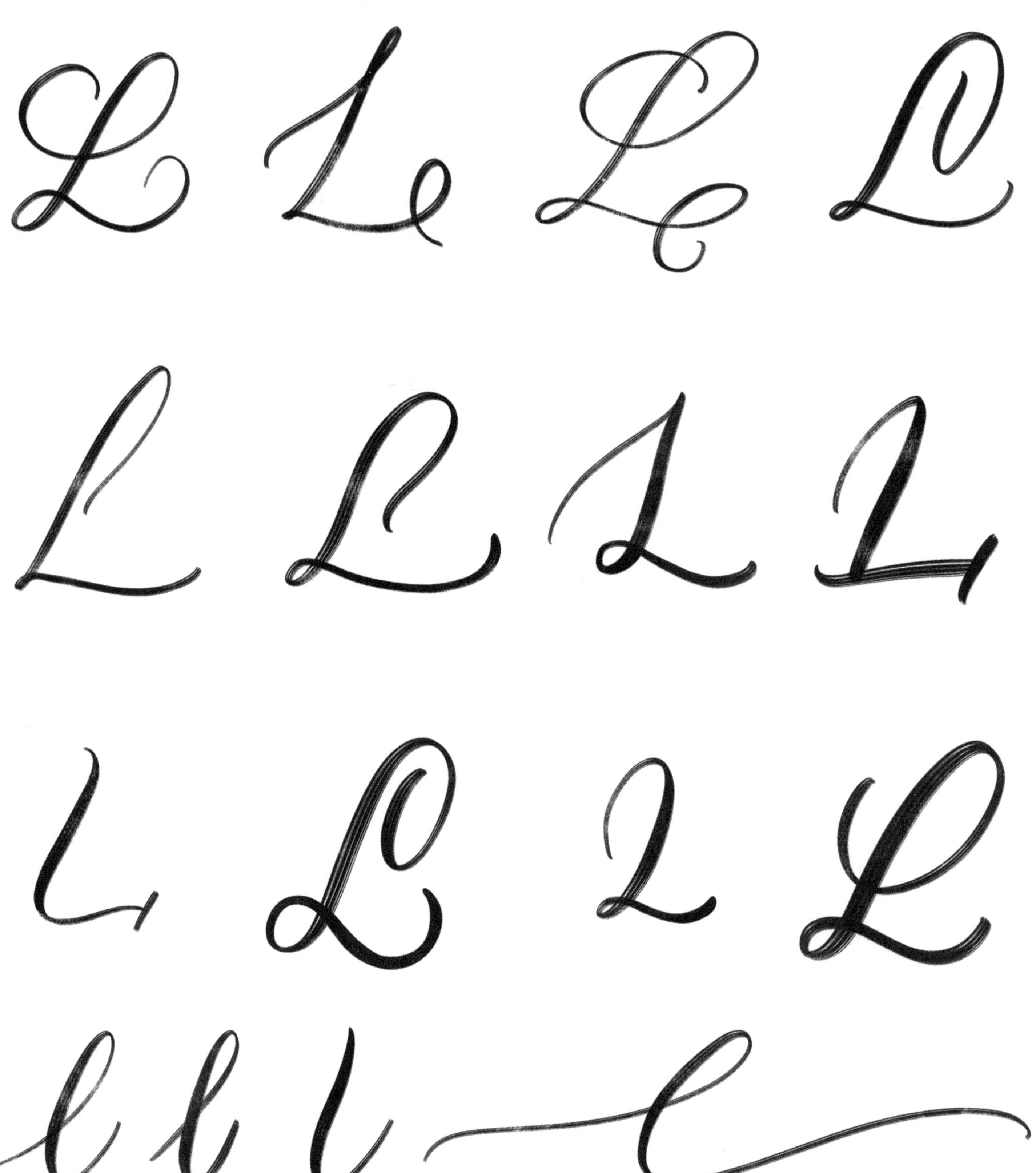

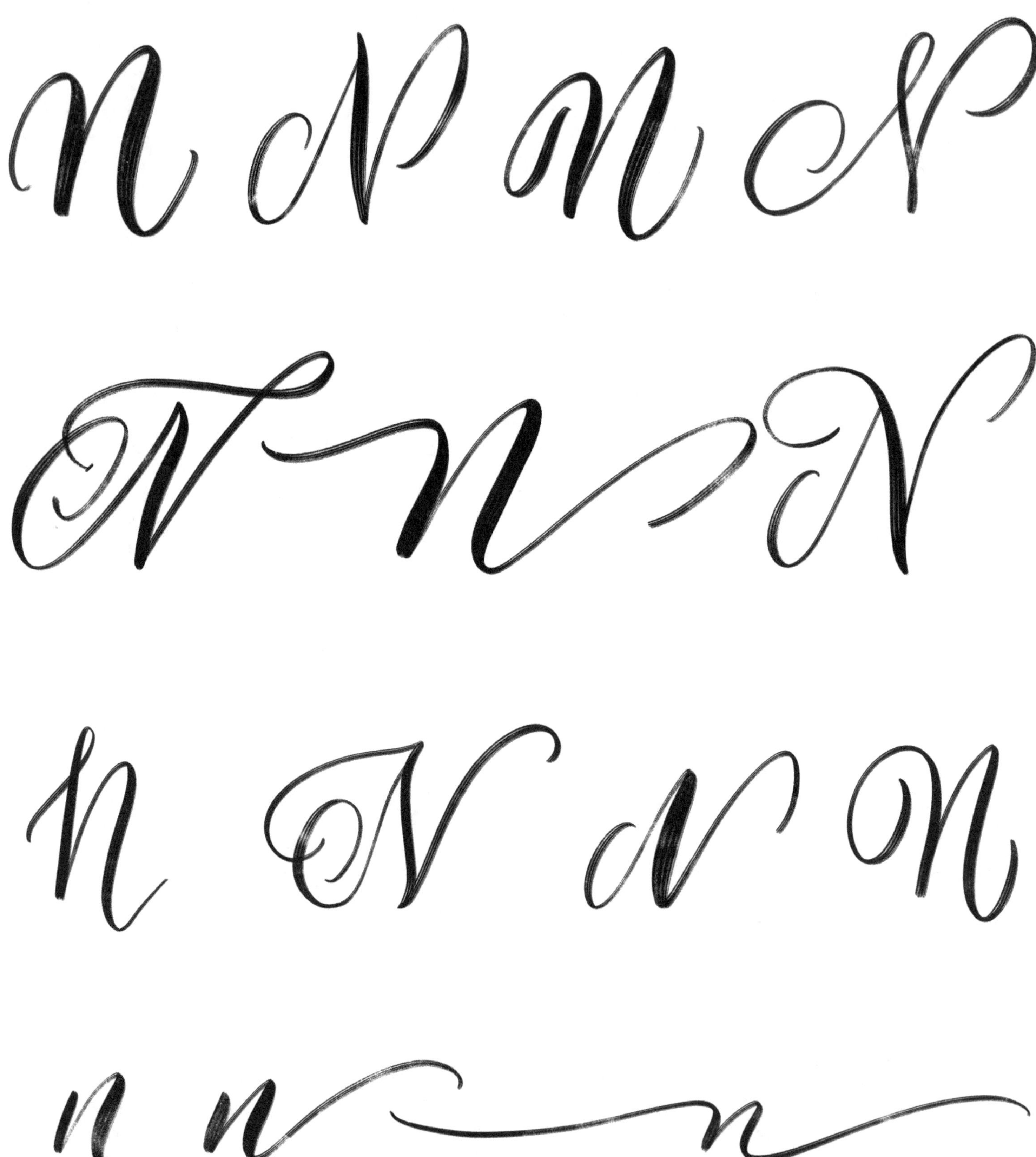

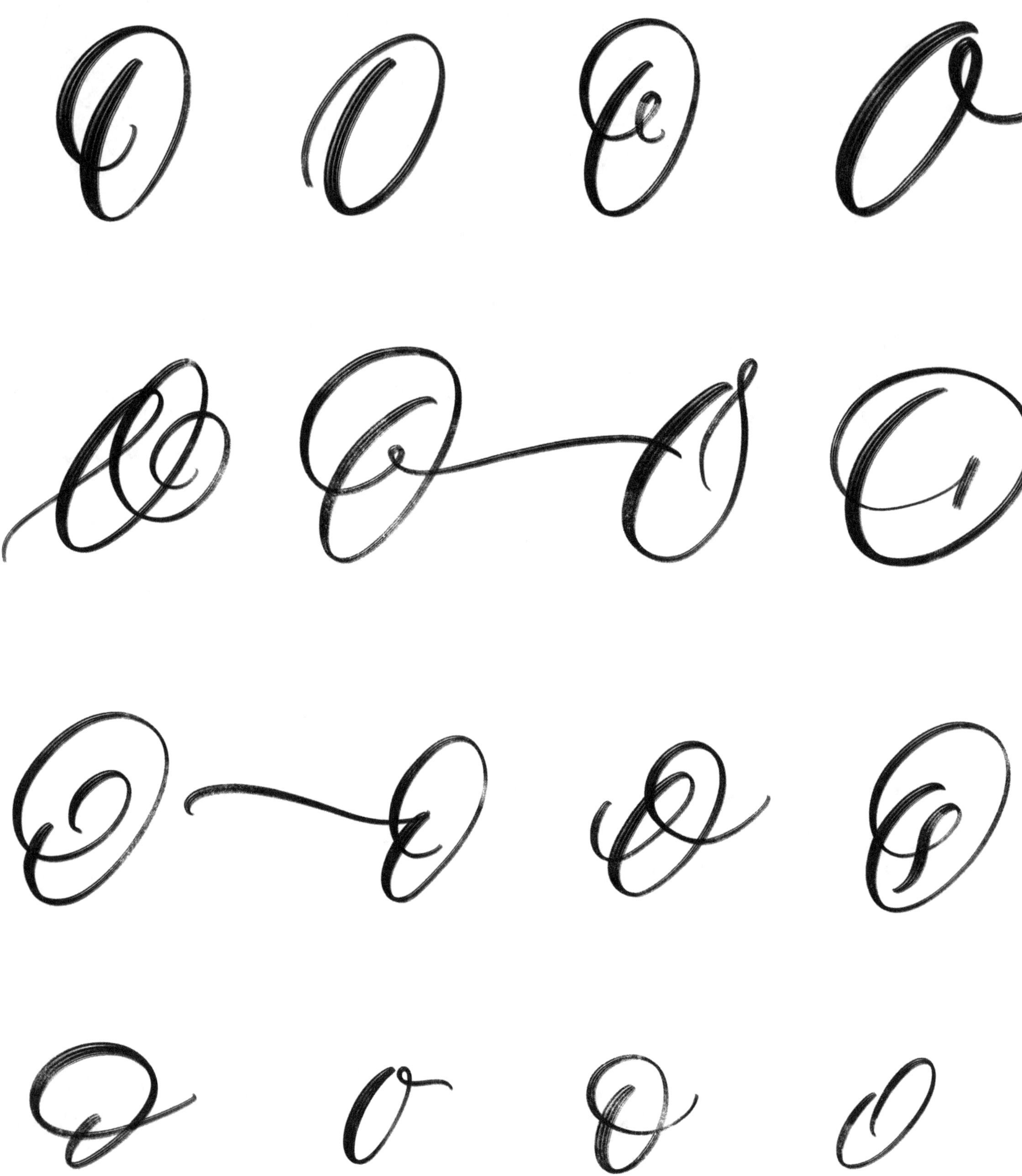

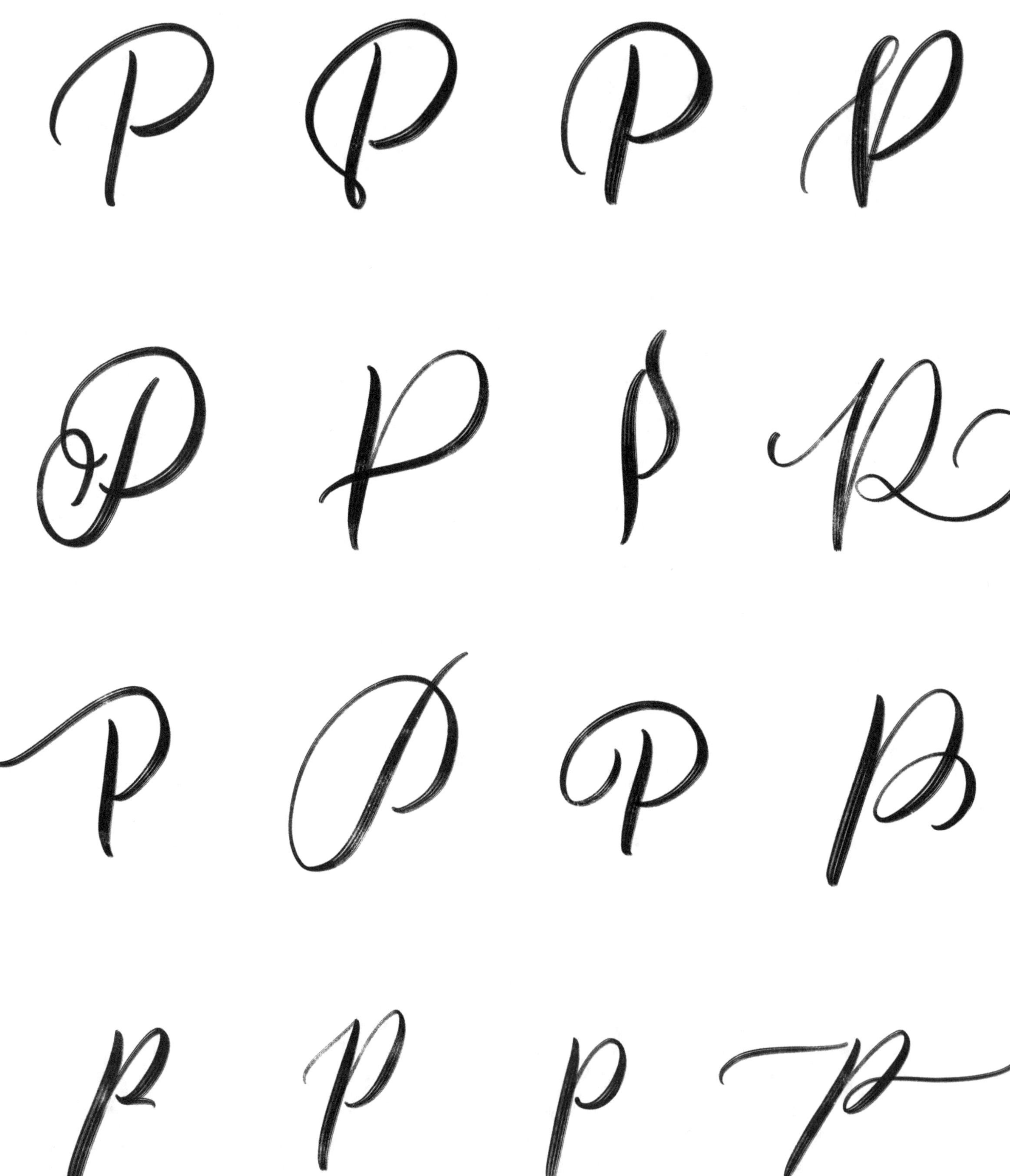

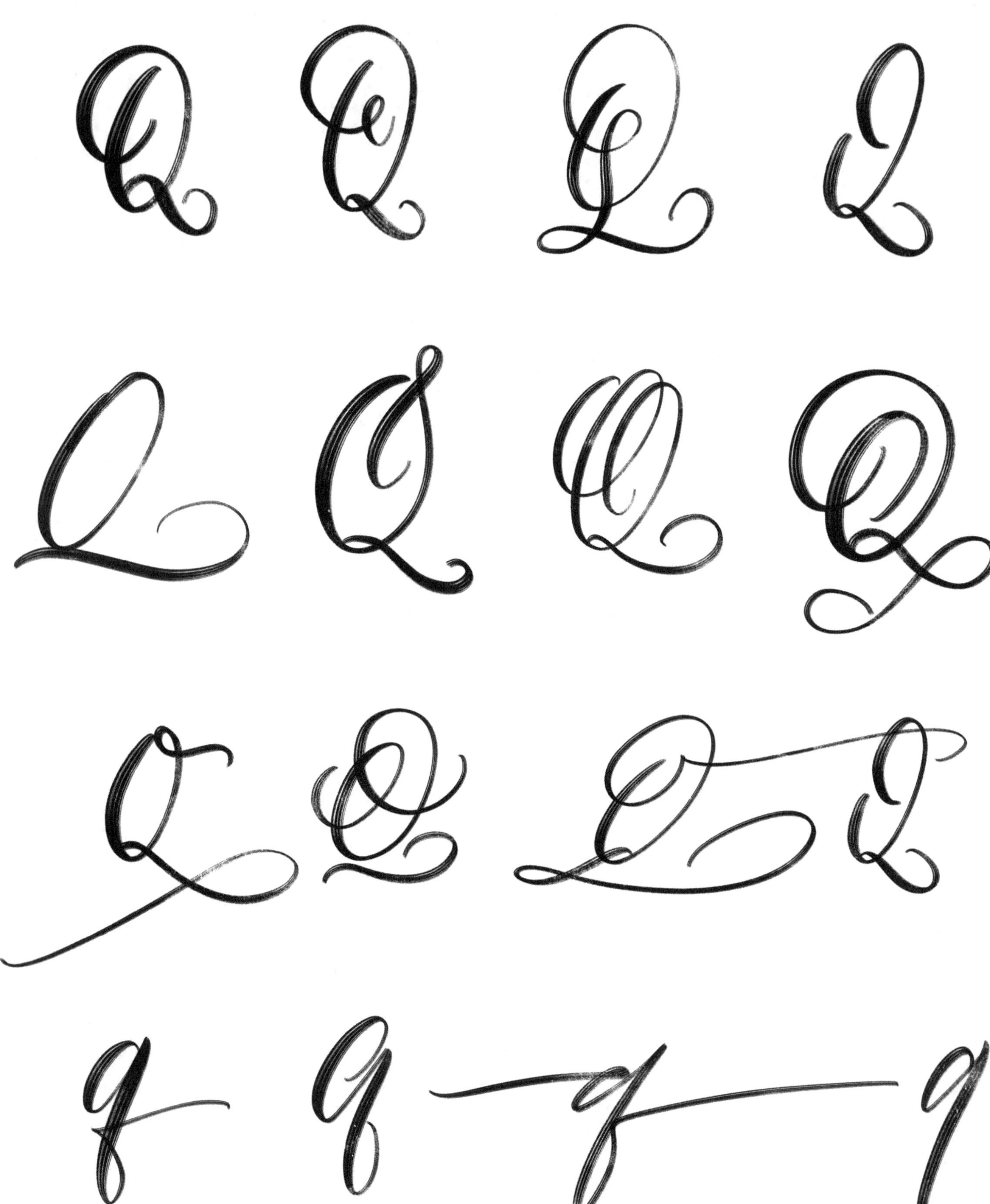

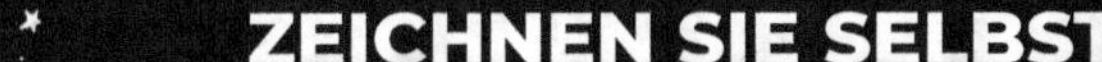

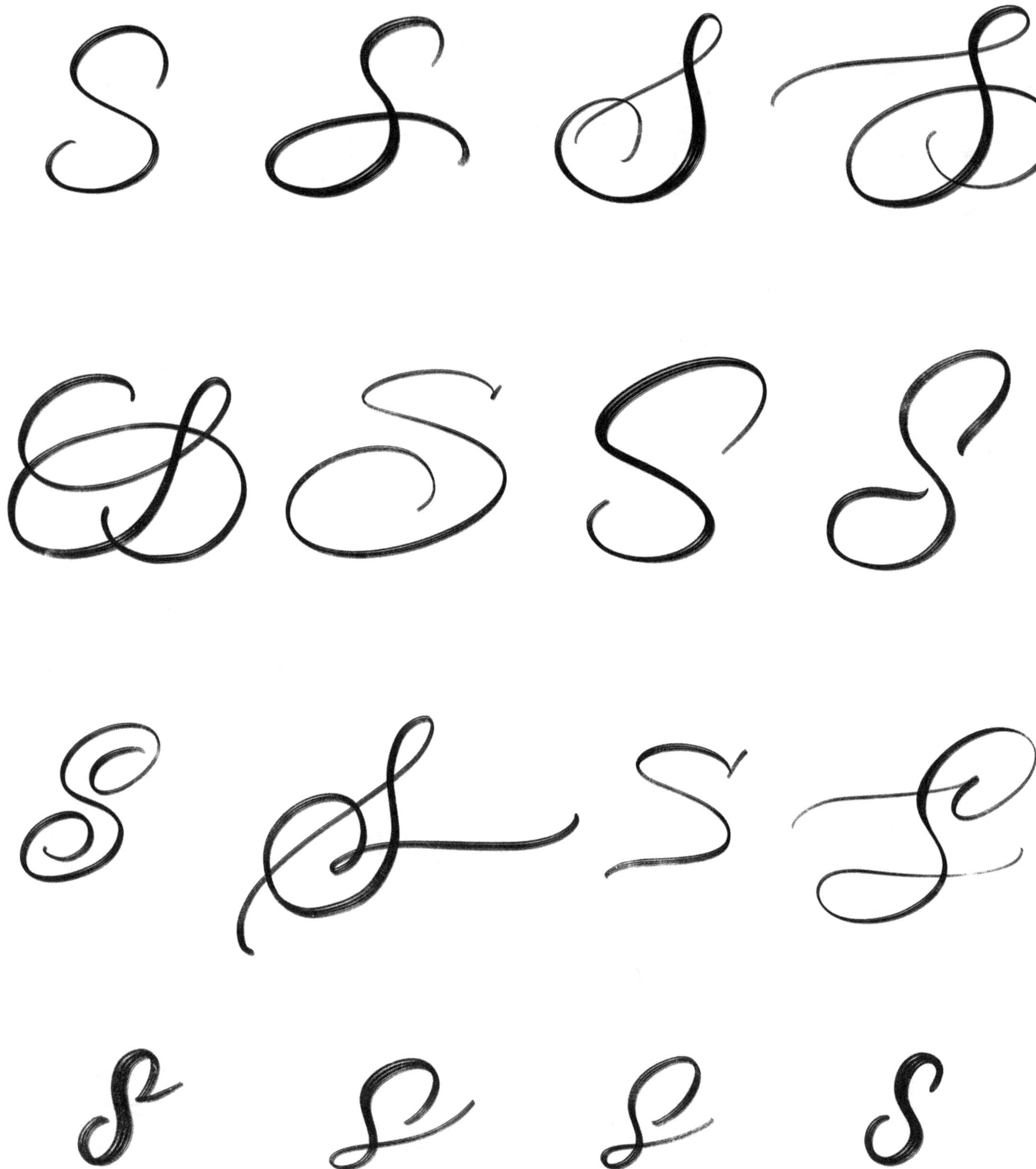

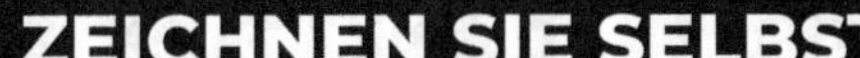

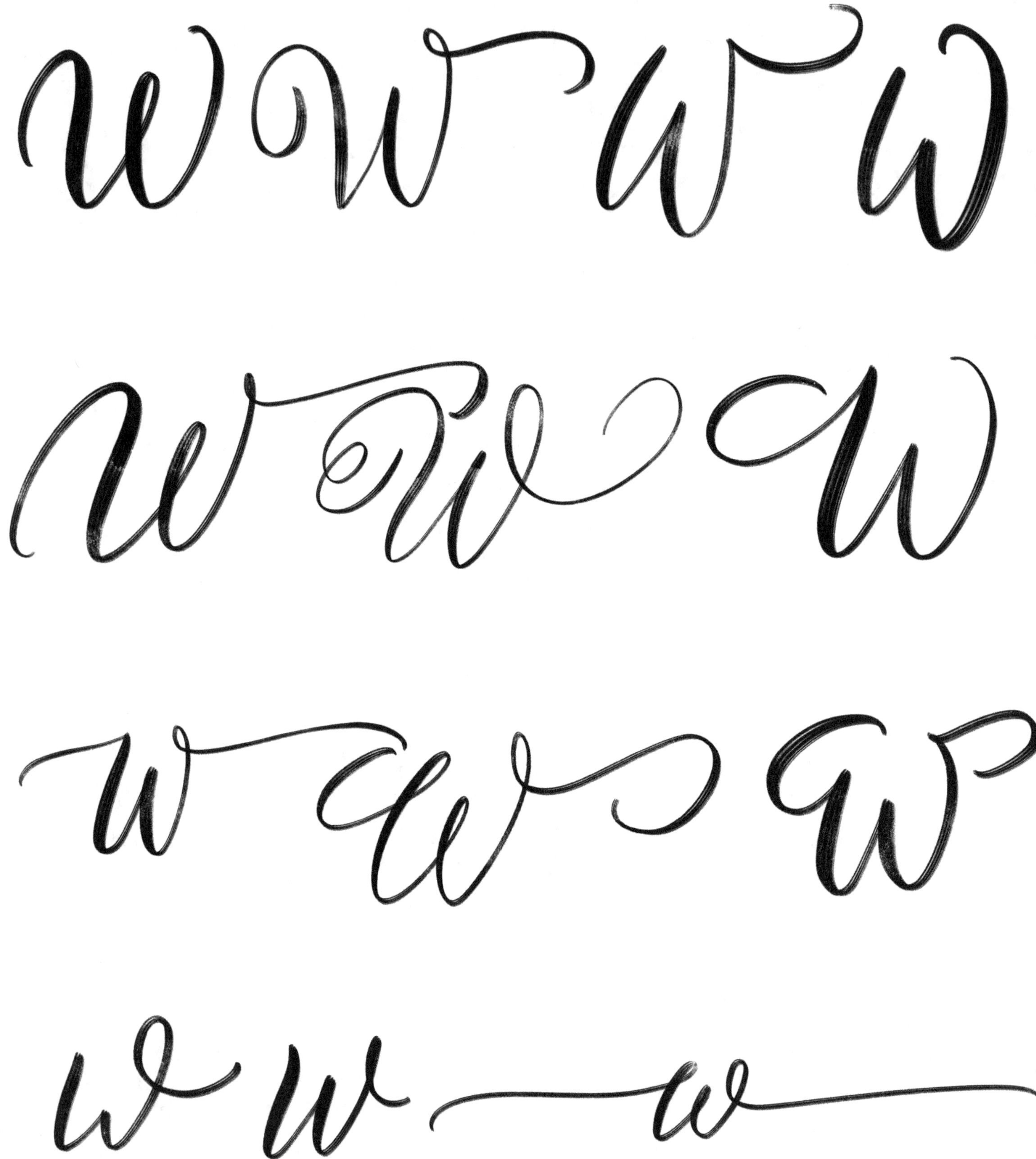

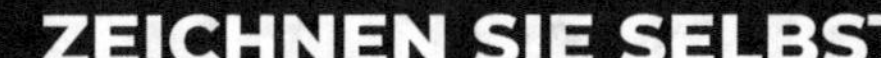

# Die Zusammensetzung
## DES SCHRIFTZUGES

Die Buchstaben werden in Form von Wörtern oder Sätzen zu einer Einheit verschmolzen, innerhalb derer die gleichen Gestaltungsregeln gelten wie in jedem anderen künstlerischen Bild.

Die Komposition ist harmonisch und schön, wenn die Elemente in ihr nicht in Teile zerlegt sind und durch irgendeine Regel verbunden sind. Dies kann die Verwendung eines Gestaltungsrasters, von Symmetrie oder des Rhythmus der einzelnen Elemente sein.

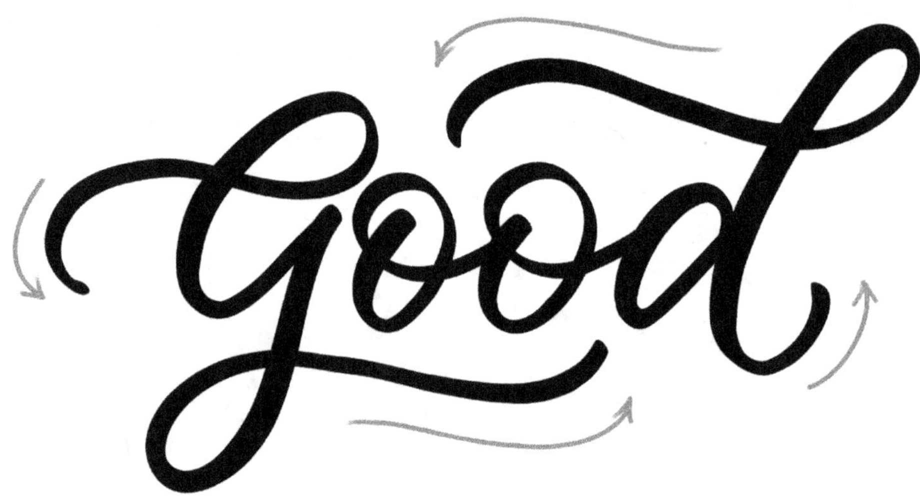


Starte mit einfachen Skizzen, um dir Gedanken über die Komposition zu machen. Verwende geometrische Formen, in die dann Wörter eingeschrieben werden.

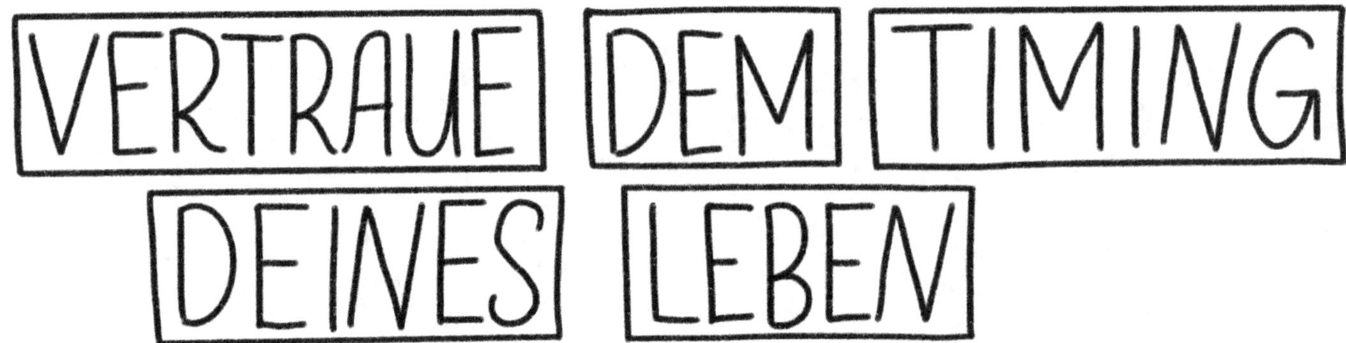

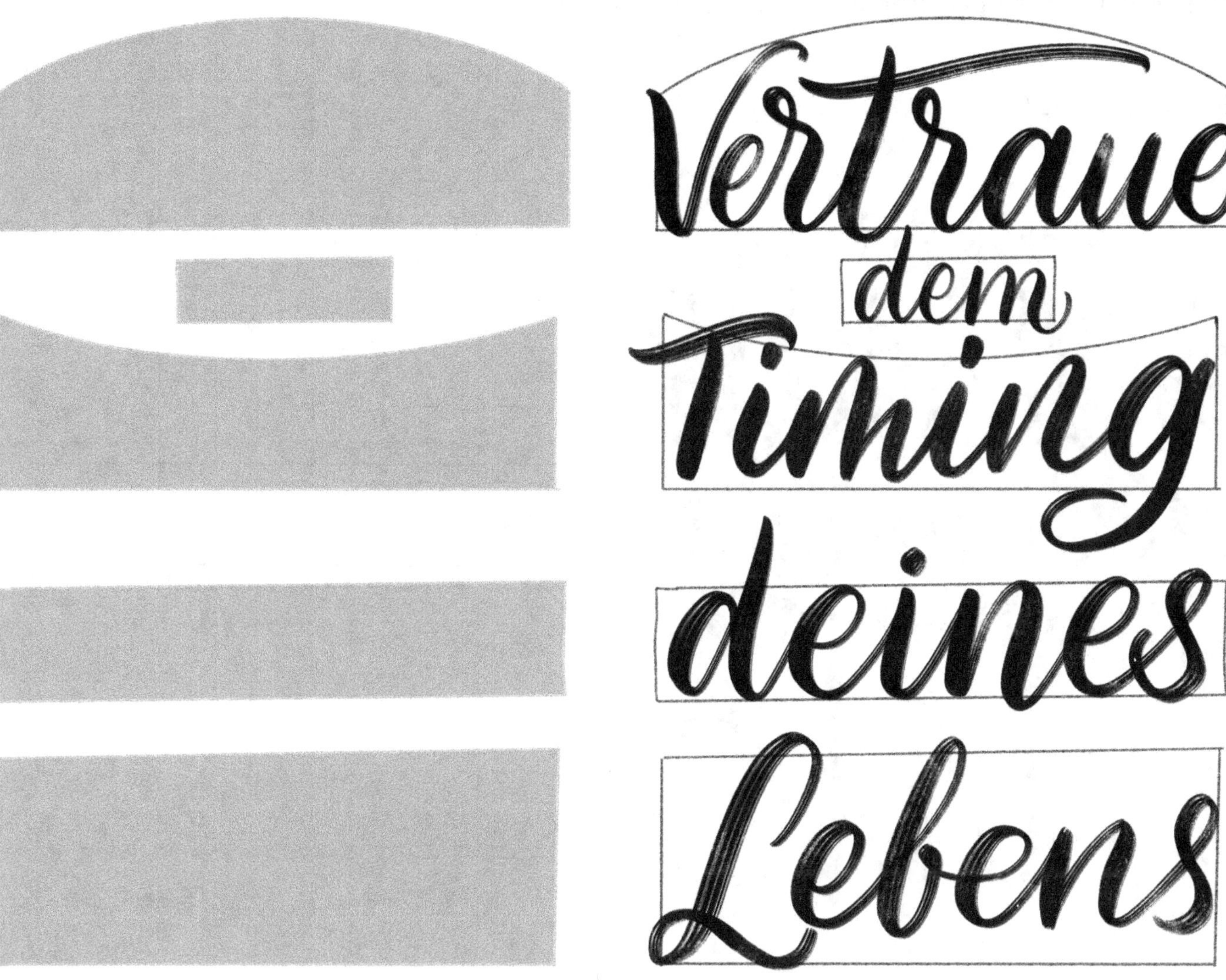


Gestalte deine eigene Komposition

# DIE KOMPOSITION

Verwende diese Diagramme, um neue Schriftkompositionen zu erstellen.

KONZENTRIERE DICH AUF DAS GUTE

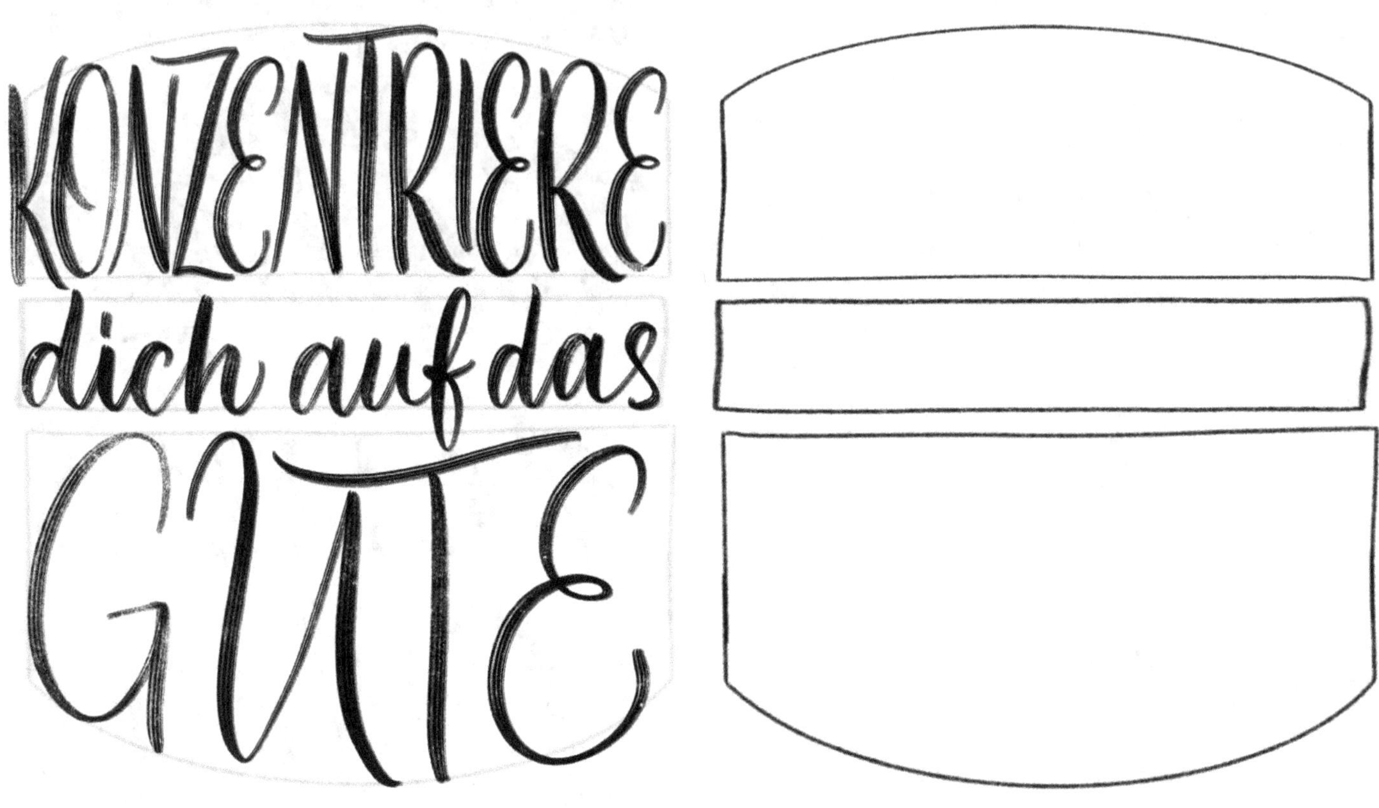

KEIN RISIKO, KEINE GESCHICHTE

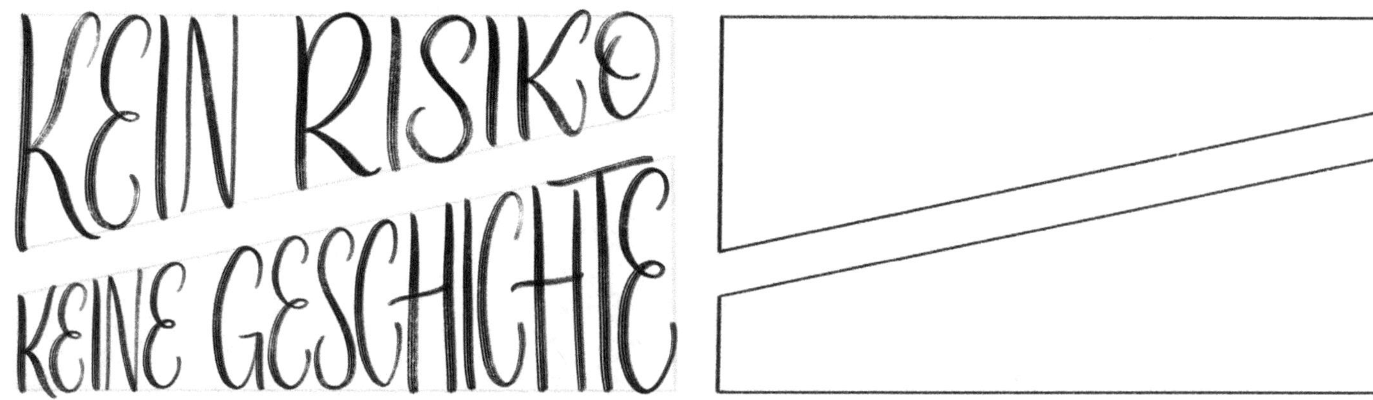

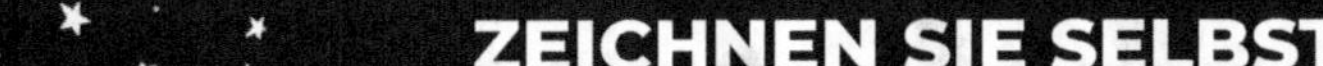

# Dekorative ELEMENTE

Verschiedenste Bilder können zu einer Wortkomposition hinzugefügt werden.
Kleine Verzierungen oder große Illustrationen. Behalte die Hierarchie der
Komposition im Auge - bestimme, was primär und was sekundär ist. Setze Akzente
so, dass sie dem Betrachter die Botschaft vermitteln und ihn nicht ablenken.
Verschiedenste Bilder können zu einer Wortkomposition hinzugefügt werden.
Kleine Verzierungen oder große Illustrationen.

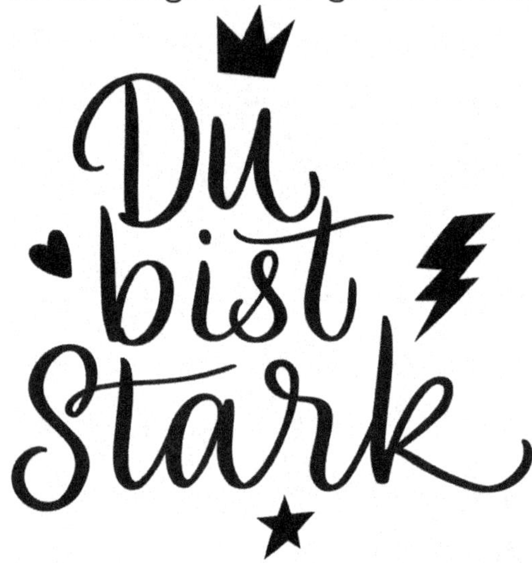

Behalte die Hierarchie der Komposition im Auge - bestimme, was primär und was
sekundär ist. Setze Akzente so, dass sie dem Betrachter die Botschaft vermitteln
und ihn nicht ablenken. Schreibe die Wörter in mehreren verschiedenen Varianten
und beachte die unterschiedlichen Schreibweisen der Buchstaben, aus denen sich
die Komposition zusammensetzt. Finde die Besonderheiten, die entstehen, wenn
die Buchstaben nebeneinanderstehen, so wie es bei dir der Fall ist.
Du kannst den Buchstaben auch Volumen, Schatten oder Textur hinzufügen.
Buchstaben können so unterschiedlich sein!

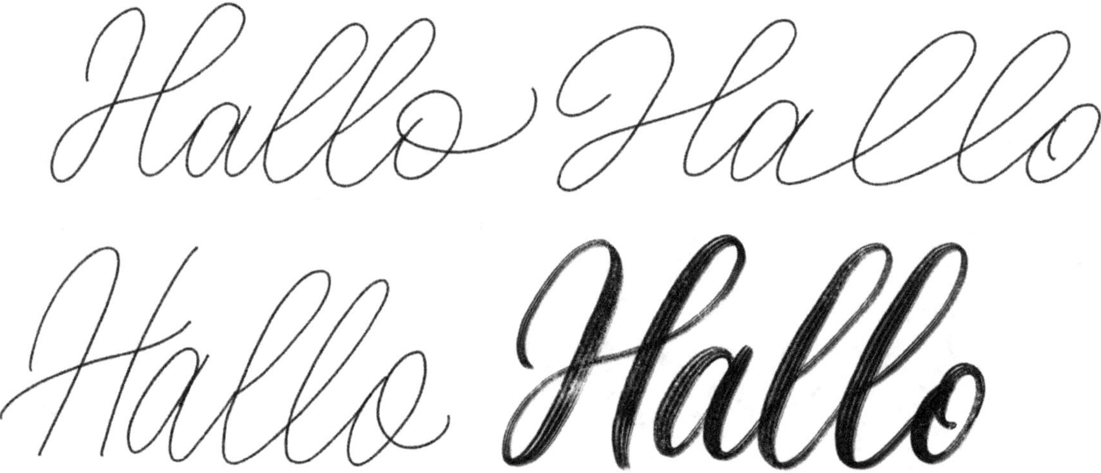

# Gestalterische FREIHEIT

Buchstaben bieten unbegrenzten Spielraum für Kreativität! Lass dich von neuen Ideen inspirieren und erstelle neue Lettering Stile. Und vergiss nicht, dir Zeit um täglich zu üben zu nehmen!

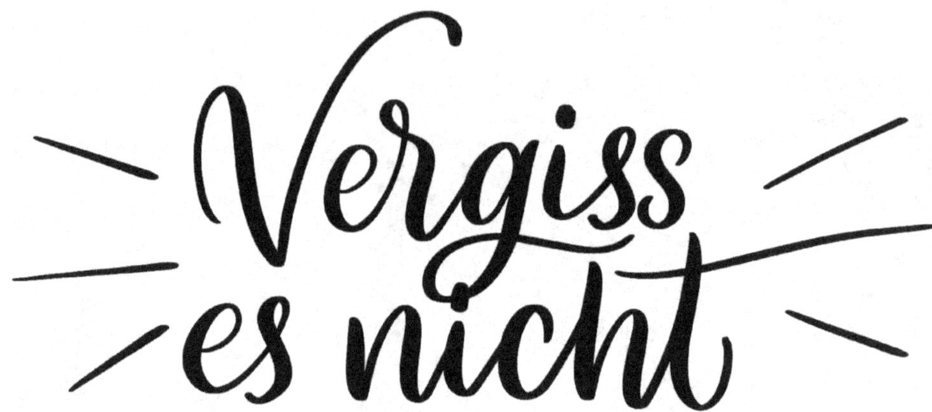


Verwende schöne Schriftzüge in deinem Leben – schreibe Karten, Geschenke oder Notizen für deine Liebsten – und mache diese Welt zu einem besseren Ort!

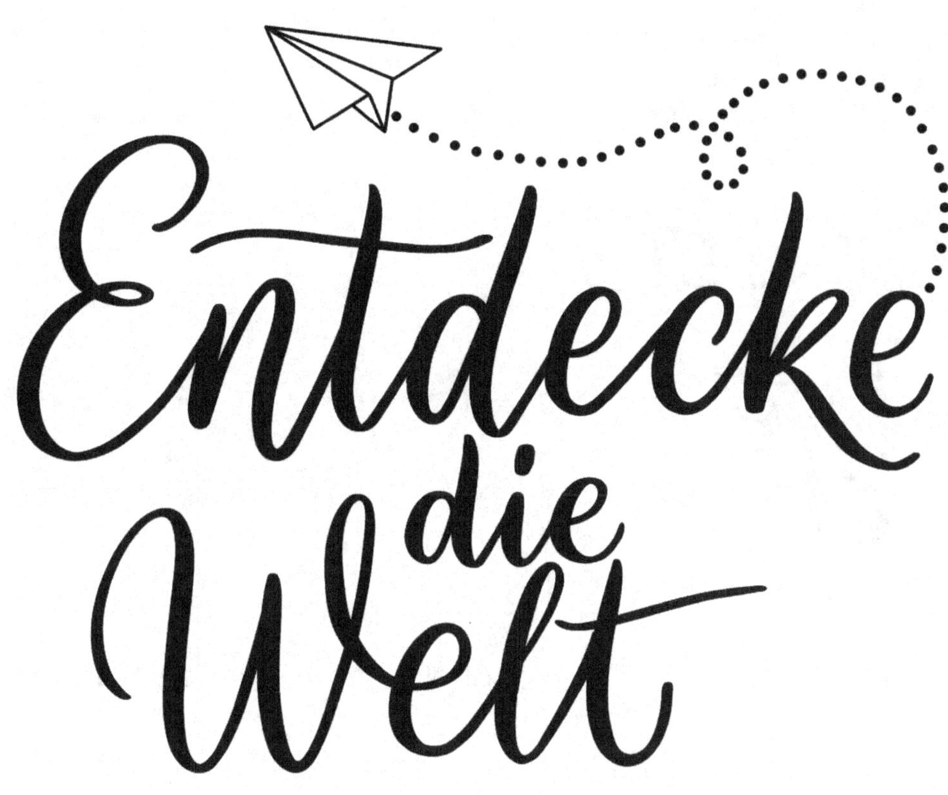
Entdecke
die
Welt

Genieße die kleinen Dinge ———————— Nachzeichnen mit einem Beispiel ————

Genieße
die klienen
Dinge

Zeichne es selbst nach ———————— Erstelle deine eigene Kreation ————

Glücklicher Geist, glückliches Leben —— Nachzeichnen mit einem Beispiel ——

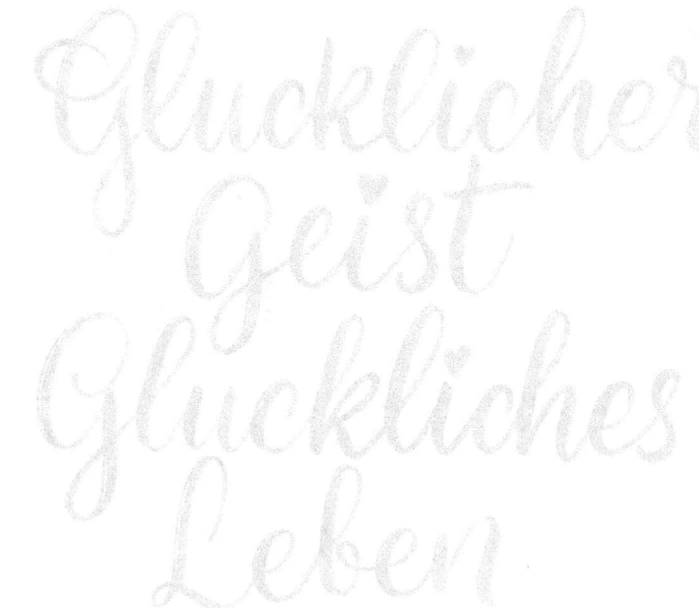


Zeichne es selbst nach ————————— Erstelle deine eigene Kreation ————

Träume groß, arbeite hart

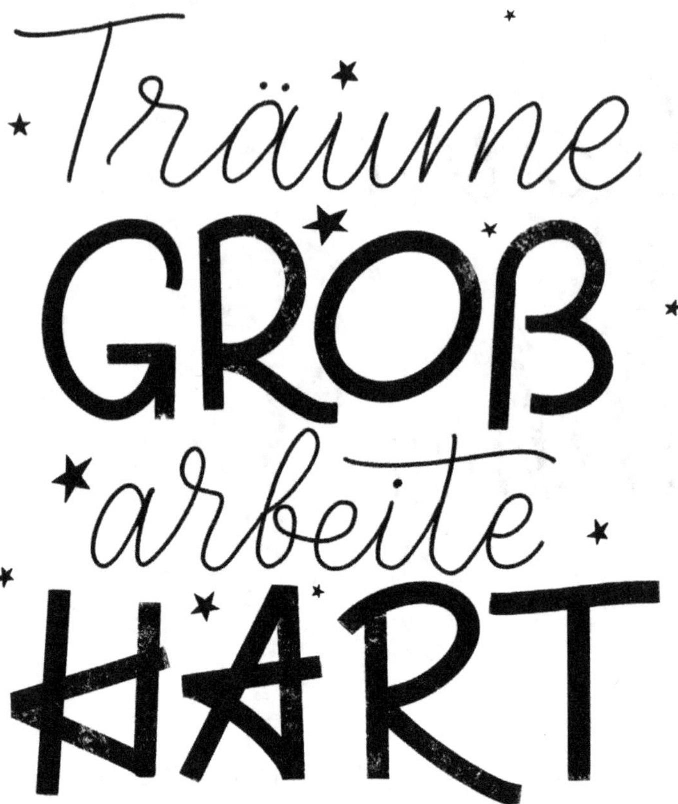

Nachzeichnen mit einem Beispiel

Zeichne es selbst nach

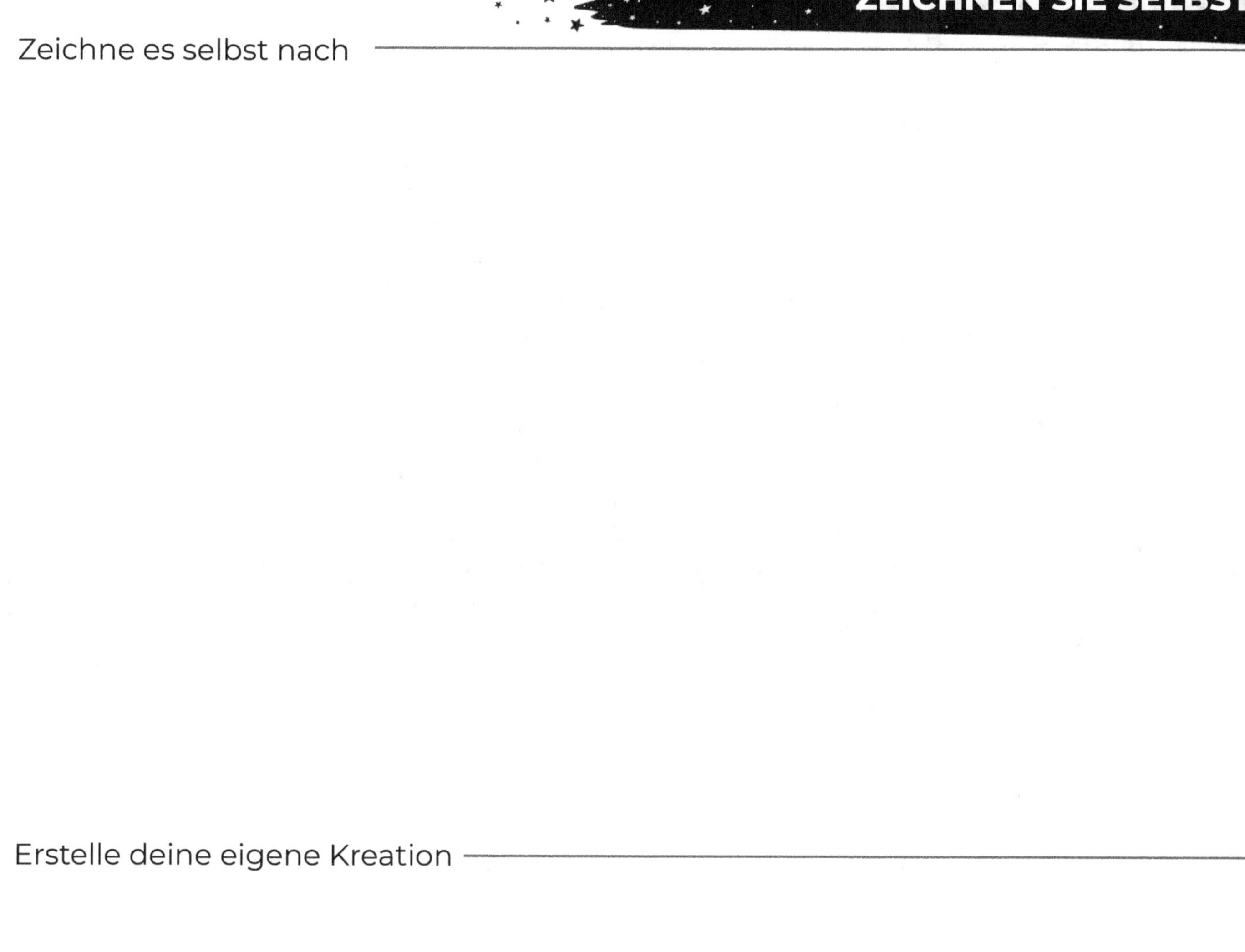

Erstelle deine eigene Kreation

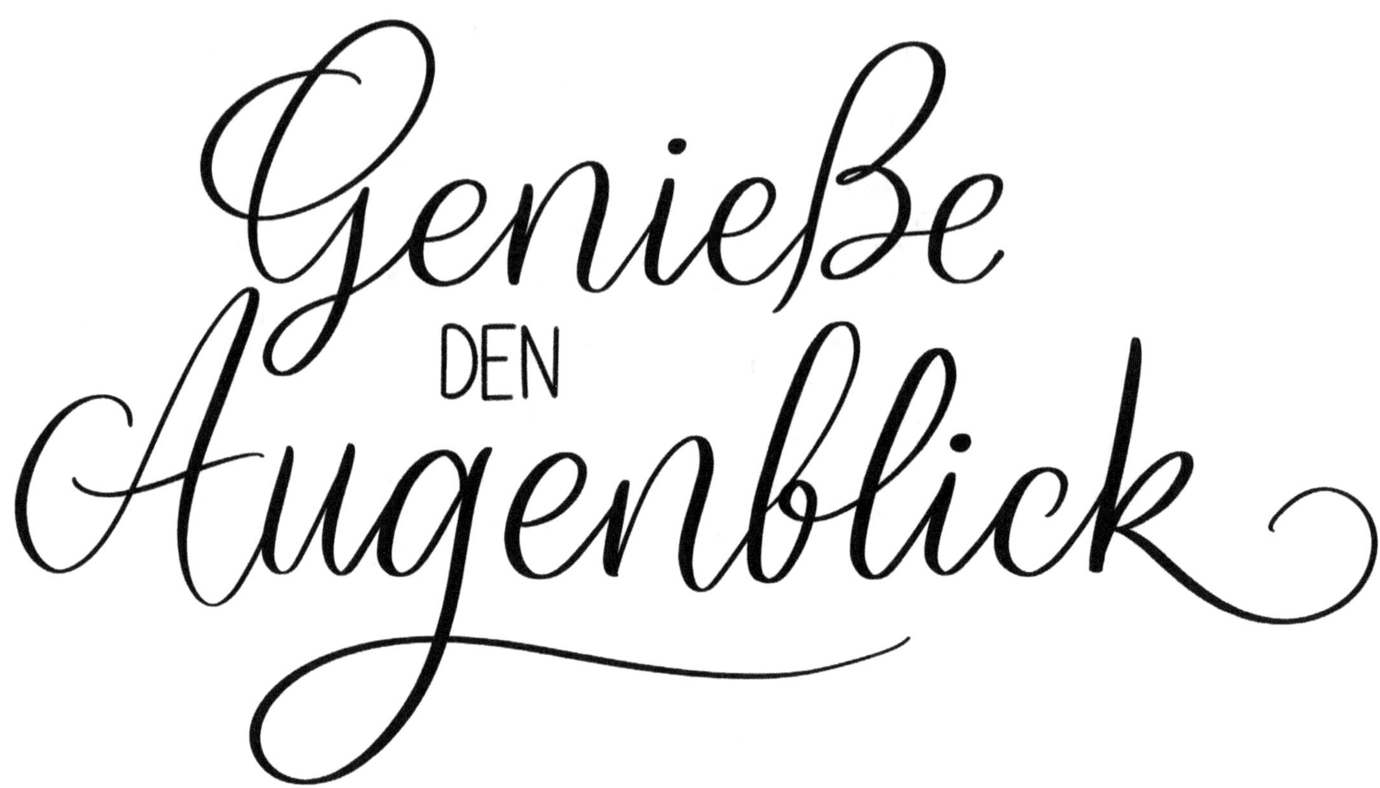



Nachzeichnen mit einem Beispiel

Zeichne es selbst nach

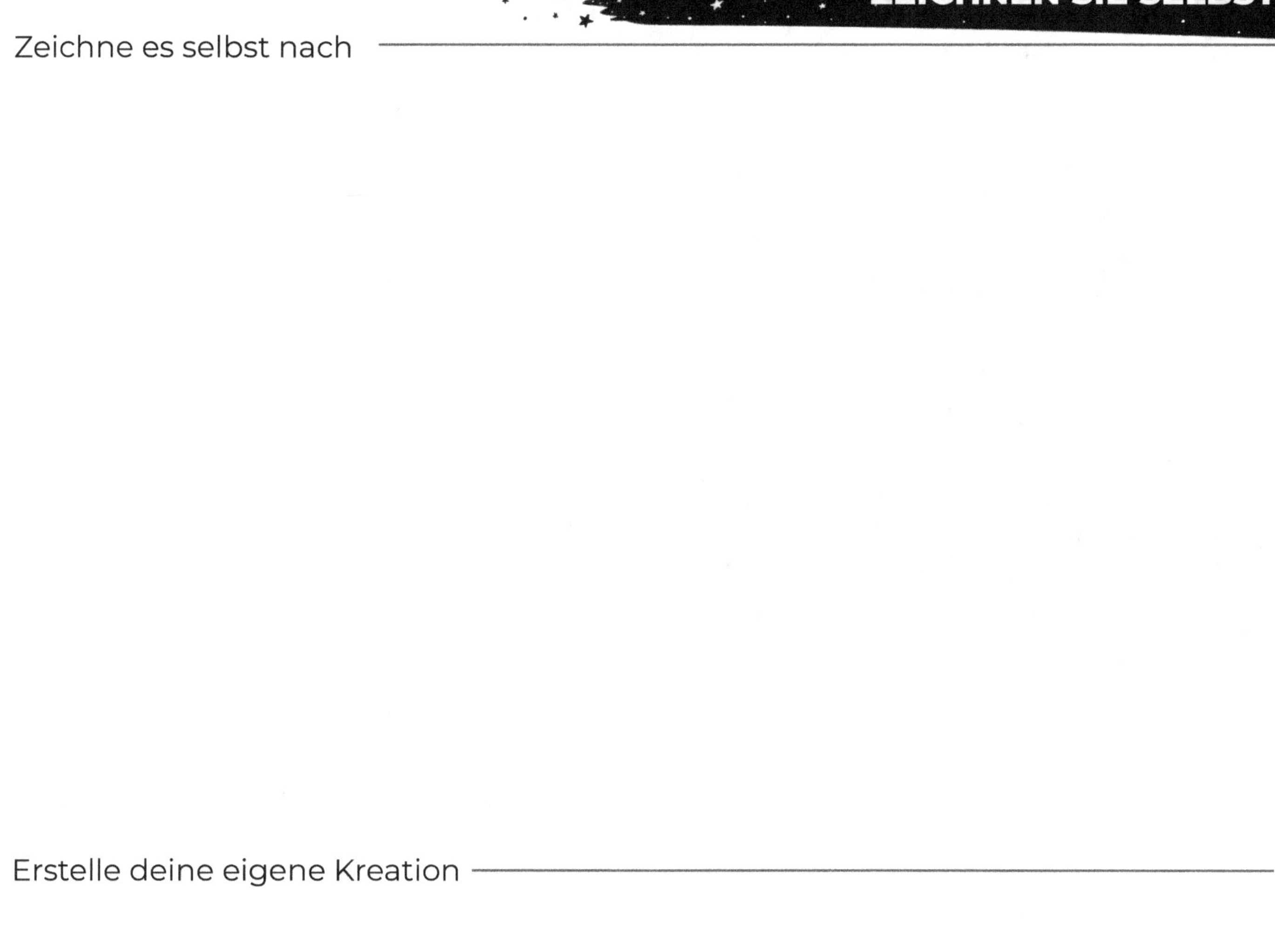

Erstelle deine eigene Kreation

Normal ist langweilig ——————— Nachzeichnen mit einem Beispiel ———————

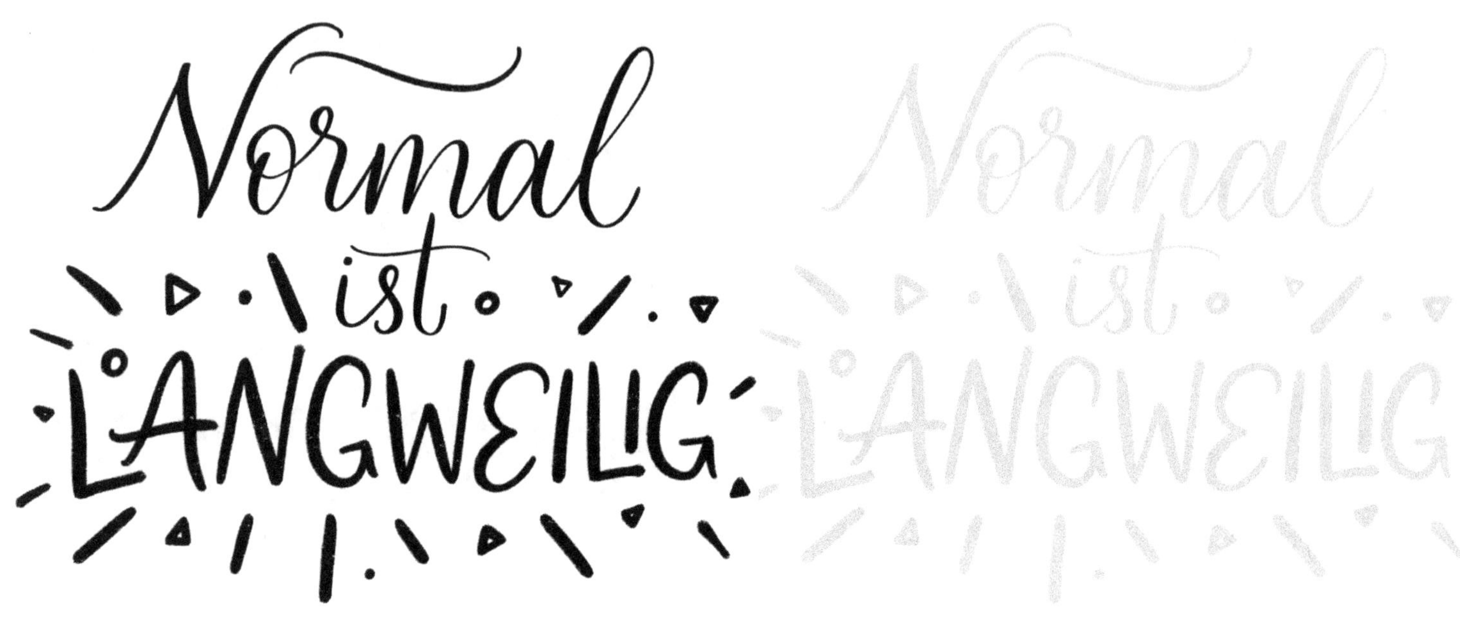


Zeichne es selbst nach ——————— Erstelle deine eigene Kreation ———————

Vertraue dem Prozess —— Nachzeichnen mit einem Beispiel ——

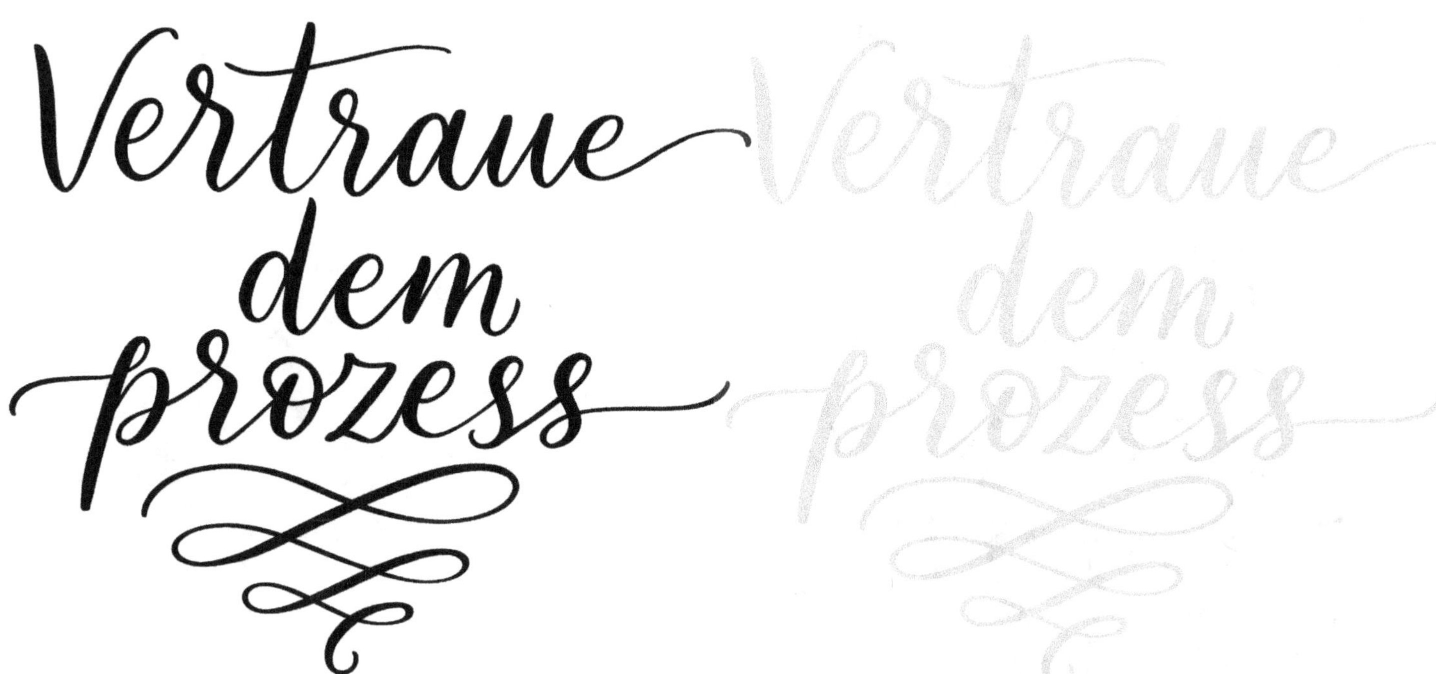

Zeichne es selbst nach —————— Erstelle deine eigene Kreation ——————

Alles, was du hast, ist das Jetzt ——————— Nachzeichnen mit einem Beispiel ———

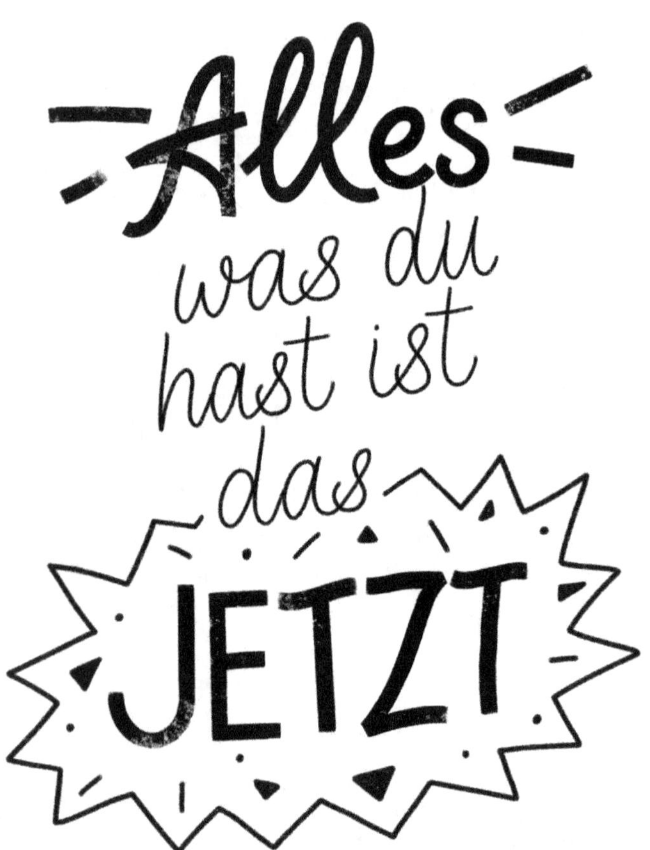 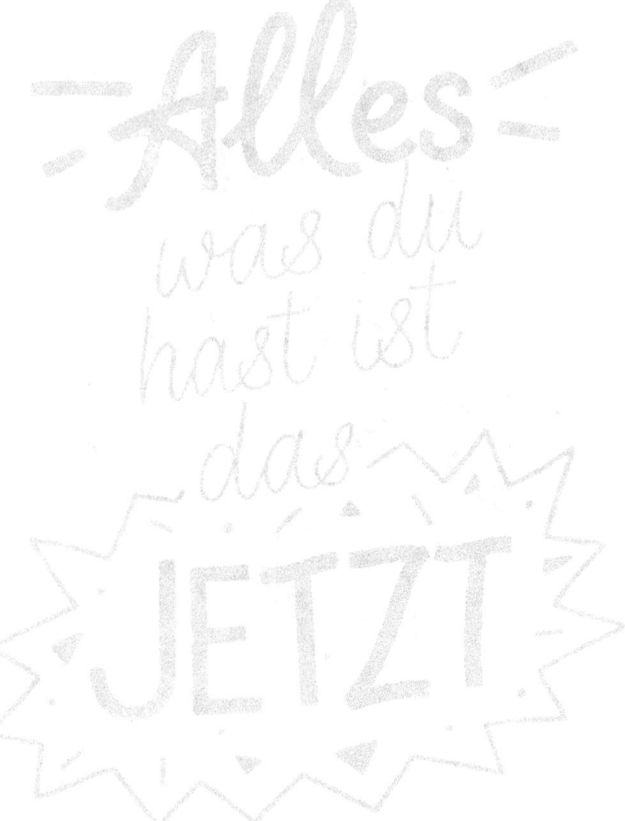

Zeichne es selbst nach ———————— Erstelle deine eigene Kreation ————

Einatmen, ausatmen ——— Nachzeichnen mit einem Beispiel ———

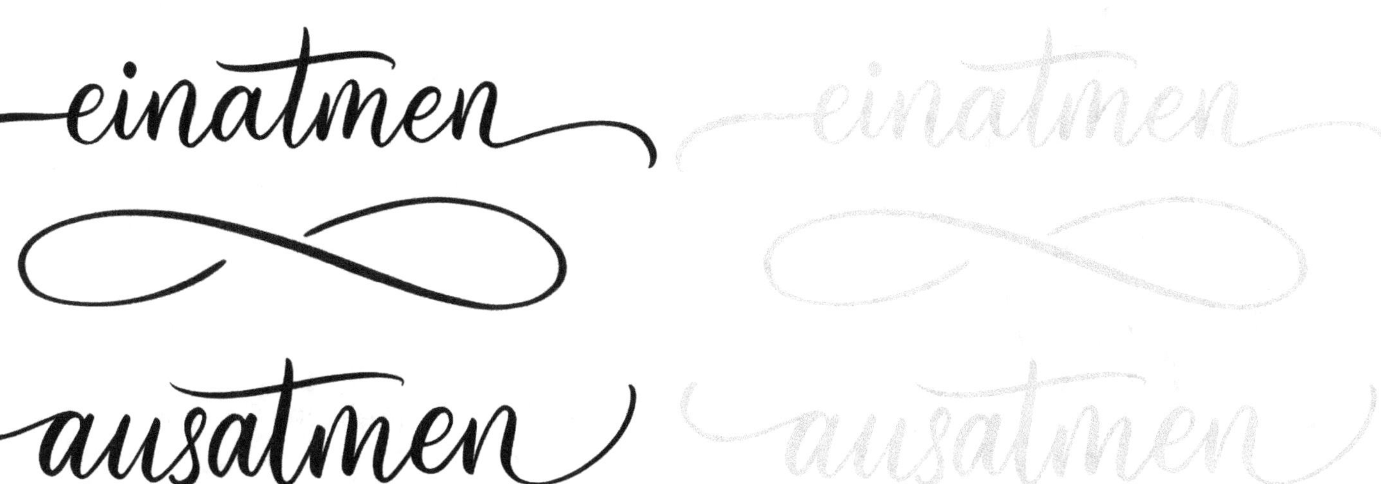


Zeichne es selbst nach ——— Erstelle deine eigene Kreation ———

# ENDGÜLTIGE ENTWÜRFE

Aber zuerst: Kaffee ───────────

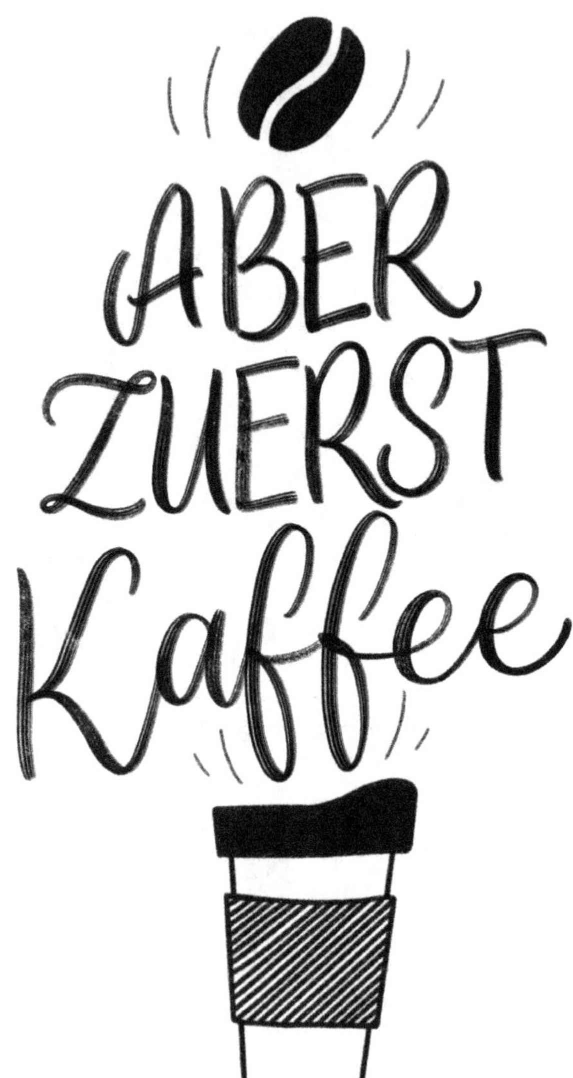

Nachzeichnen mit einem Beispiel ───────

Zeichne es selbst nach ———————————— Erstelle deine eigene Kreation ————

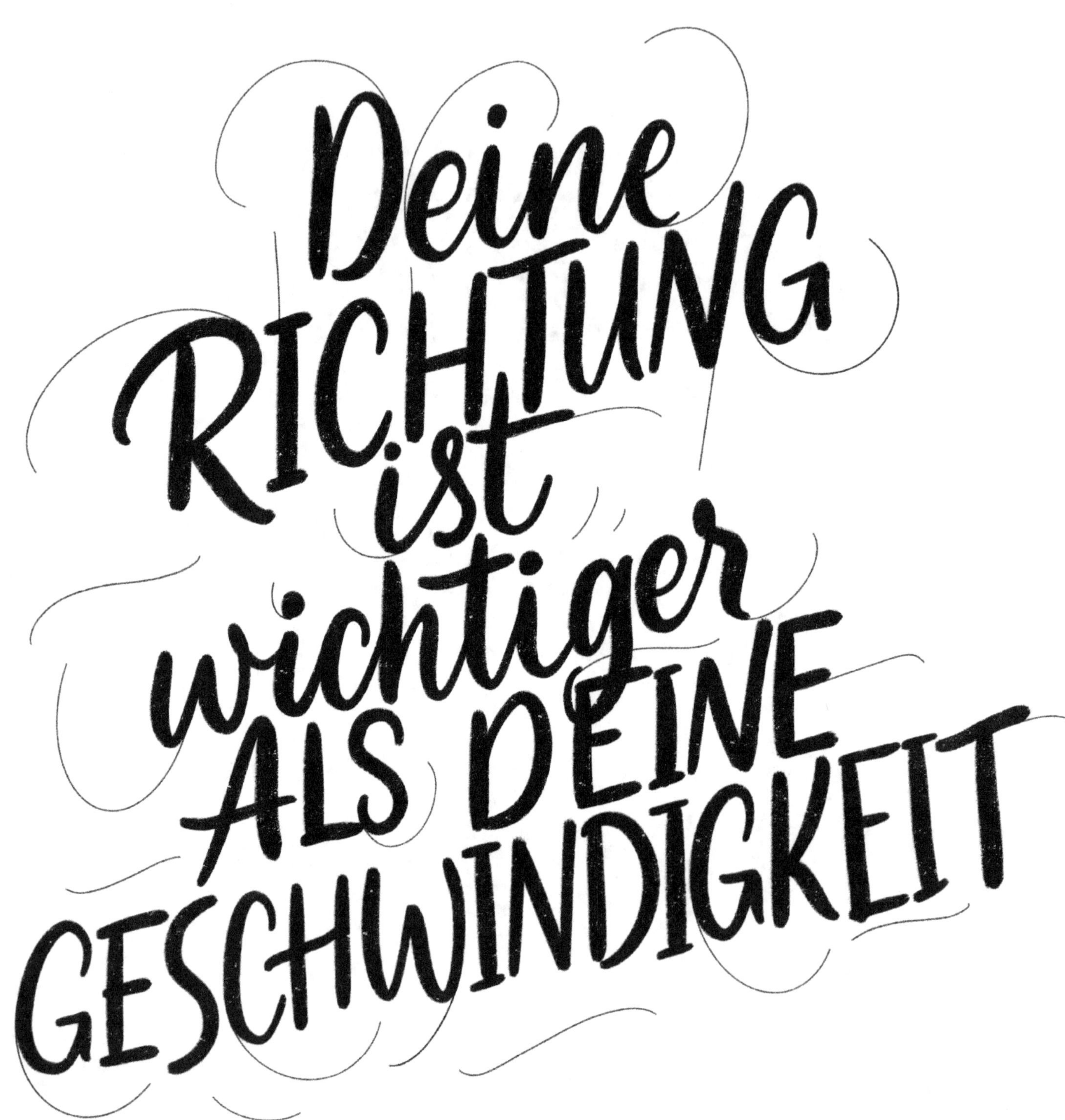
Deine
RICHTUNG
ist
wichtiger
ALS DEINE
GESCHWINDIGKEIT

Nachzeichnen mit einem Beispiel

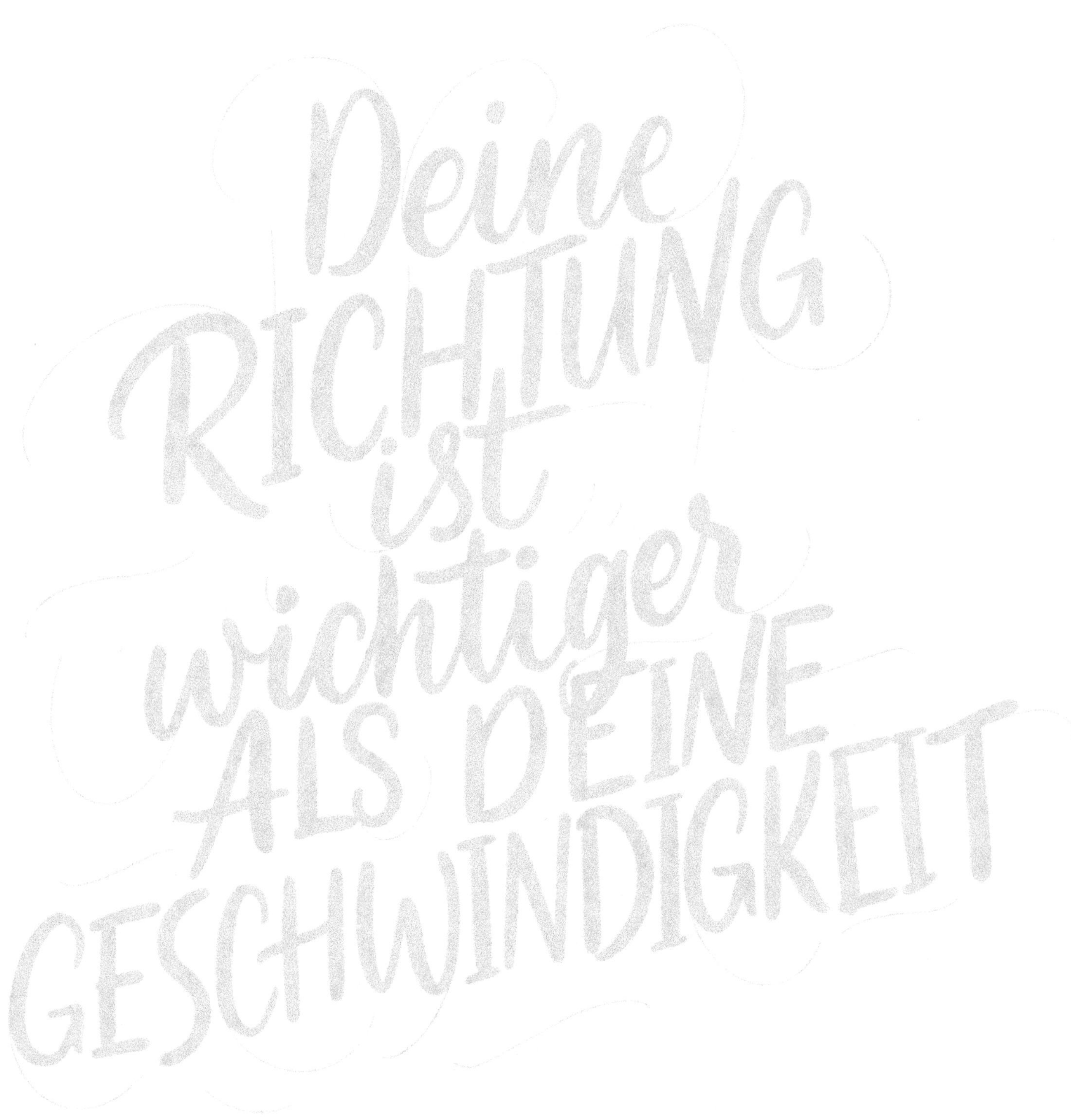

# ENDGÜLTIGE ENTWÜRFE

Erstelle deine eigene Kreation

# Hilf uns EINE REZENSION AUF AMAZON ZU HINTERLASSEN

Wir hoffen, dass dir dieses Buch gefallen hat und dass deine Reise in die Kunst der Kalligraphie auf die bestmögliche Art und Weise begonnen hat.

Wir würden uns sehr freuen, dein Feedback über den Leitfaden zu erhalten. Dies würde anderen Künstlern helfen, ihn auch kennenzulernen und zu nutzen.

So einfach geht's:

1. Gehe von deinem Profil auf Amazon und klicke auf «Meine Bestellungen»

2. Suche dieses Buch

3. Klicke auf «Eine Rezension für dieses Produkt schreiben».

4. Hinterlasse uns deine Bewertung und wenn du möchtest, füge ein paar Fotos deiner fantastischen Kreationen und Fortschritte hinzu!

## SCHNELLE LÖSUNG; SCANNE QR CODE UNTEN

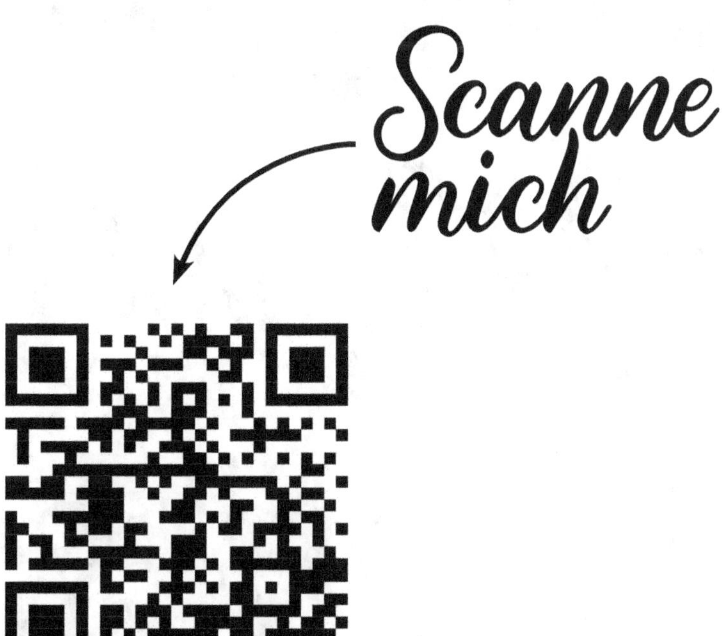


# Vielen dank FÜR DEINE UNTERSTÜTZUNG!

Du musst NICHT PERFEKT Sein, um Toll zu sein

www.ingramcontent.com/pod-product-compliance
Lightning Source LLC
Chambersburg PA
CBHW060512120726
48002CB00011B/3129